岩　波　現　代　文　庫

哲学の起源

柄谷行人
Kojin Karatani

学術 413

岩波書店

はじめに

私は『世界史の構造』（二〇一〇年六月刊）を書いていたとき、古代ギリシアの哲学についてもっと詳しく論じたいと思った。しかし、全体のバランスから見て、それは難しく、別に一冊の本として書くほかないと考えなおしたのである。その結果できあがったのが本書である。本書は、したがって、前書『世界史の構造』で示した理論的枠組を前提している。もちろん、それを読んでいなくても、本書は理解できるはずである。念のために、その要約と、それがいかに本書にかかわるかを示す、「『世界史の構造』から『哲学の起源』へ」という文を、巻末に付すことにした。もし本文の記述が不分明であれば、これを参照していただきたい。

本書の最初の稿は、月刊文芸誌『新潮』に連載した。その際、編集長の矢野優氏に大変お世話になった。氏の支えがなければ、本稿はできあがらなかっただろう。心より御礼を申し上げる。単行本の出版に際しては、『世界史の構造』と同様、岩波書店の小島潔氏のお手を煩わせた。深く感謝する。

二〇一二年九月一五日　於北京

柄谷行人

目　次

序論

1　普遍宗教

紀元前六世紀ごろ、エゼキエルに代表される預言者がバビロンの捕囚の中からあらわれ、イオニアには賢人タレスがあらわれ、インドにはブッダやマハーヴィーラ(ジャイナ教開祖)が、そして、中国には老子や孔子があらわれた。これらの同時代的平行性は驚くべきものである。この現象をたんに社会経済史から説明することはできない。たとえば、マルクス主義者はこれを、宗教や哲学を経済的土台(生産様式)によって規定される、イデオロギー的・観念的な上部構造とみなしてきた。しかし、経済的土台の変化を見ても、この時期に起こった変化は十分に説明できないのである。

そのため、この時期の変化を、観念的上部構造の次元で独自に起こった精神的革命あるいは進化として見る見方が生まれる。その代表的な例は、アンリ・ベルクソンの『道徳と宗教の二源泉』である。ベルクソンによれば、本来、人間の社会は小さな「閉じた社会」であり、道徳もそれに合わせて作られた。では、それが開かれることはいかにしてありえたのか。人類社会がこの時期、閉じられた氏族社会から多民族が交易する世界帝国に拡大していたことは明らかだが、それだけでは、「開いた社会」をもたらすことはない。ベルクソンはいう。《閉じた社会から開いた社会へ、都市《シテ》から人類への移行は、単なる拡大によっては決して可能でないだろう。この両者は同一本質のものではない(1)》。

ベルクソンはこの変化を経済的土台ではなく、宗教のレベルにおいて見ようとした。「閉じた社会」とは、宗教でいえば、「静的宗教」であり、「開いた社会」とは「動的宗教」である。静的宗教から動的宗教への飛躍をもたらしたのは、「特権的個人」である。さらに、ベルクソンは、その根底にエラン・ダムール(愛の飛躍)なるものがあり、それが特権的個人の行為を通して発出するのだという。

しかし、私は「閉じた社会」から「開いた社会」への飛躍が宗教のレベルでおこったということを、経済的土台から説明できると考える。ただし、従来のように「生産様式」からではなく、「交換様式」から見ることによって、である。たとえば、宗教におけるアニミズムから呪術—宗教—普遍宗教にいたる発展は、交換様式の変容として見ることができる。

通常、「交換」と考えられるのは、商品交換である。私はそれを交換様式Cと呼ぶ。しかし、これは、共同体と共同体の間に生じるものであり、共同体や家族の内部では生じない。後者において存在するのは、贈与とお返しという互酬交換、すなわち交換様式Aである。さらに、それらと異なるタイプの交換、すなわち、交換様式Bがある。これは支配—被支配関係であり、一見すると交換に見えない。しかし、支配者に服従する者が、そのことによって安堵を得るならば、それは交換である。　国家はこのような交換様式Bに根ざしている。

宗教の変化も、このような交換様式の変化から見ることができる。簡単にいうと、アニミズムでは、万物にアニマ(霊)があると考えられている。ゆえに、人はアニマを抑えないと、対象と関係することができない。たとえば、動物を狩猟することができない。その場合、アニマに贈与することによってそれを抑え、対象をたんなる物にしてしまう。それが供犠である。死者の埋葬・葬礼も、贈与によって死者の霊を抑えるためになされる。呪術もまた、このような交換、すなわち交換様式Aにもとづいている。アニマに贈与することによって、自然をたんなる物として扱えるようにすること、それが呪術なのだ。このように考えると、呪術師はむしろ、対象を物として扱う、最初の科学技術者だったということができる。

この場合、注目すべきことは、遊動民のバンド社会にはアニミズムはあるが、呪術が未発達だということである。「閉じた社会」や「静的宗教」は、彼らが定住したのちに形成されたのだ。その意味で、最も初期的な遊動民社会は「閉じた社会」ではなかった。そもそも、「閉じた社会」は自然にあるものではない。それは定住化によって生じた危機に直面して、まさに「飛躍」として生じたのである。定住化とともに、富や力の蓄積が可能になり、階級や国家が発生する可能性が生じた。氏族社会はそれを、互酬的交換を義務づけることによって防いだといってもよい。

くりかえすと、呪術は定住以後の氏族社会で発達した。定住によって、多くの他者および死者と共存することになった人々の中で、互酬的交換の義務と同時に、さまざまな呪術が発達したのである。したがって、氏族社会において、首長や呪術師の地位は高まった。しかし、それが決定的になるのは、国家社会においてである。都市国家の抗争の中から集権的な国家が出現するとき、王＝祭司の権力が強化されるとともに、神もまた超越化されたのである。

交換様式という観点から見ると、専制国家は、交換様式Bが優越する状態である。しかし、この場合、王も臣民もこの関係を、征服─服従の関係であるよりもむしろ、臣民が王に対して積極的に服従し貢納することによって、王から保護や再分配を賜るかのような互酬的関係(交換様式A)と見なしている。同様のことが神と人間の関係についてもいえる。

専制国家では、神は人間を支配する者として超越化されるが、神と人間の関係には、それ以前の呪術にあったような互酬的な関係が残っている。そこでは次のように考えられている。神は超越的であり、人の意志を越えた存在である。が、人が神に贈与し祈願すれば、神は人の願いを聞かなければならない。このような関係においては、神の超越性は十分に成立していない。たとえば、国家が敗れた場合、神は人間に棄てられてしまうからである。

つぎに、諸国家の抗争の結果、広域国家(世界帝国)が形成される。世界帝国はたんに軍事的な支配の拡大(交換様式B)だけでなく、広範な交易圏(交換様式C)の成立によって可能である。ここでの神は、それまでの氏神や部族神を越えた「世界神」となる。しかし、それはまだ普遍宗教ではない。帝国が征服されれば、そのような神も棄てられるからだ。したがって、世界帝国は、普遍宗教成立の必要条件ではあっても、十分条件ではない。

普遍宗教もまた、交換様式の観点から見ることができる。一言でいえば、それは、交換様式Aが交換様式B・Cによって解体されたのちに、それを高次元で回復しようとするものである。いいかえれば、互酬原理によって成り立つ社会が国家の支配や貨幣経済の浸透によって解体されたとき、そこにあった互酬的＝相互扶助的な関係を高次元で回復しようとするものである。私はそれを交換様式Dと呼ぶ。

Dは、Aを高次元で回復しようとする。しかし、このことは、ひとまず、Aを否定することなくしてありえない。別の観点からみれば、それは宗教における呪術性を否定することである。マックス・ウェーバーが、普遍宗教の特質を〝脱呪術化〟に見出したことは、その意味で正しい。脱呪術化は概ね、自然科学との関係で考えられるが、ウェーバーがいう脱呪術化とは、祭祀や祈願というかたちで神を人間の意志に従わせることの否定である。《宗教的行為は「神礼拝」ではなくて、「神強制」であり、神への呼びかけは、祈りではなくて呪文である》(2)。神強制は、自然に対する科学的態度によって、否定されるのではない。その逆に、神強制の断念によって、自然に対する科学的態度が可能になるのだ。

ここでウェーバーがいうことを「交換様式」の観点から見れば、脱呪術化とは、神と人間の関係において互酬性が放棄されるということを意味する。これは実は容易なことではない。たとえば、今日のどんな世界宗教にも、祈願というかたちで「神強制」が残存している。だから、もし神強制が断念されるということが起こったとしたら、それは世界史的な事件だというべきなのだ。だが、このような事件は、特権的人格があらわれて「閉じた社会」を開いたというようなことでは説明できないのである。

2　倫理的預言者

神強制の断念はいかにしてありえたのか。その一例はユダヤ教の成立過程に見出される。旧約聖書には、「神と人間」の契約、モーセに率いられたエジプトからの脱出、カナン(パレスチナ)に定住した後の、ダビデ、ソロモンにいたる国家的発展の歴史が書かれている。しかし、旧約聖書が最終的に編纂されたのは、バビロン捕囚から帰還し教団が確立されたのちであり、そこに書かれた「歴史」は、実際は、この時点から再構成ないし創造された物語でしかない。つまり、普遍宗教としてのユダヤ教は、ユダ王国が滅ぼされ捕囚としてバビロンに連れて行かれた人々の間で成立したのだが、それが始原に投射されたのである。

ユダヤ民族は、多数の遊牧民部族の盟約連合体としてはじまった。そのとき、彼らはエホバの神の下で盟約を結んだ。しかし、これは例外的な事態ではない。メソポタミアの都市国家もギリシアのポリスも同様である。多部族が一つの都市国家を形成するとき、新たな神を信奉するというかたちをとるのである。それは社会契約の一形態である。したがって、ユダヤ民族の「契約」だけを特別視することはできない。

ユダヤの部族連合体が形成されたのは、周辺に巨大な国家(エジプトやアッシリア)が存在したからである。つまり、それは外の国家に対抗するかたちで形成された。だが、彼らがカナンの地に定住して農耕を開始したとき、彼らの生活はそれまでの遊牧民的時代とは根本的に違ってきた。それまでの部族連合体から、ダビデ、ソロモンの時代にはエジプトのような「アジア的専制国家」に転化したのである。人々が遊牧民時代の神のかわりに農耕社会の神(バール神)を信じたことは自然のなりゆきだったといえる。

ソロモンの時代に、神は王権の強大化を反映して超越化されている。しかし、それは所詮、氏族神の延長にすぎなかった。いかに超越的な神といえども、戦争に負ければ棄てられてしまうからだ。これは、ひとが神に対して服従的であってもなお、神を贈与によって「強制」しようとするような関係にあったことを意味する。つまり、このような宗教は本質的に呪術的なのである。

事実、ソロモンの後に分裂した二つの王国の一つ、イスラエル王国が滅んだとき、神は棄てられた。つぎに、ユダ王国が滅んだときも同様である。ただ、このとき、捕囚としてバビロンに連れて行かれた人々の間で、未曾有の事態が生じた。つまり、戦争に敗れ国家が滅んでも、神が棄てられず、逆に人間にその責任を問うような転倒が生じたのである。それが「神強制」の断念であり、宗教の「脱呪術化」である。それは神と人間の関係の互酬性を否定することであり、これによって神と人間の関係が根本的に変わった。だが、それは、別の観点からいえば、人間と人間の関係が根本的に変わったということである。

バビロンに連れて行かれた人々は、比較的に知識階層が多く、また彼らは主として商業に従事した。すなわち、彼らは宗教もふくめた旧支配機構から離れ、同時に農耕共同体からも離れて、個人として存在したのである。そのような諸個人が、神の下に新たな盟約共同体を形成した。それが「神と人間の契約」という形をとったのである。これは遊牧民の部族連合体の結成と似て非なるものだ。それはまた、王朝時代に活動した預言者の思想とも異なる。

預言者らは官僚や祭司の横暴、人々の堕落、貧富の差を批判し、このままでは国家が滅亡すると警告した。彼らがいうのは、遊牧民の部族連合体の回復、いわば「砂漠に帰れ」ということであった。それは交換様式Aの回復、つまり、互酬的な共同体の回復である。しかし、そのような預言者はユダヤ教に特徴的なものではなかった。遊牧民が専制国家の下で農耕民となったような所ではどこでも、共同体・国家の危機においてそのようなタイプの預言者が出現しただろうから。が、Aの回復を唱えることそれ自体がただちに普遍宗教をもたらすことはない。

一方、バビロンに生じたのは、部族的拘束から離れた自由・平等な個々人の盟約連合体である。それは交換様式Aの高次元での回復、すなわち、交換様式Dだといってよい。高次元での回復ということは、B・Cだけではなく、ある意味でAそれ自体の否定なくしてありえない。つまり、それは先ず、個々人が部族共同体や国家から離脱することを必要とするのだ。そのような条件を、捕囚という事態が与えたのである。

ところが、バビロンの捕囚となった人々は、約四〇年後に、バビロニアを滅ぼしたペルシア帝国によって解放され、エルサレムに帰還した。以後、ユダヤ教団は国家なき民を統治する機関となった。つまり、バビロンにあった盟約共同体は、祭司・律法学者が統治する集団に変質したのである。『聖書』の成文化がすすめられたのは、その頃である。その過程で、それまでの預言者の活動、あるいはモーセの神話などは新たな意味づけを与えられた。

このような正典の編纂は、ユダヤ教団が神政政治的な観点から行ったものであり、たとえばその作業によって、すべての法がモーセに下った神の言葉にもとづくようにするために整えられた。だが、それによって、バビロン捕囚という画期的な出来事は、ユダヤ教ないしユダヤ民族の長い歴史のひとこまにすぎなくなった。こうして、ユダヤ教の真の起源としての〝バビロン〟が忘れられた。それとともにバビロンにおいて普遍宗教となったユダヤ教は、伝統的な祭司らの支配する宗教に戻ってしまった。その結果、ユダヤ教は「ユダヤ民族」の宗教だということにされたのである。

実際には、ローマ時代にいたるまで、ユダヤ教は広がった。それはユダヤ民族の人口が増大したからではなく、普遍宗教としてのユダヤ教への改宗者が増加したからだ。たとえば、イエスの教団もユダヤ教の一派として広がったのである。彼らは遊動的・共産主義的な教団組織を形成した。それは同時代に栄えた他の宗派、たとえば、エッセネ派にも見られるものである。これら遊動的宗教活動は、ユダヤ教の中で、〝バビロン〟の時代にあった盟約共同体を取り戻そうとする運動であった。

3　模範的預言者

だが、このようにいうと、普遍宗教がもっぱらユダヤおよびその系列の預言者らによって開示されたかのように聞こえる。そうではない。この点で、ウェーバーが預言者に関して述べた区別は示唆的である。彼は預言者を倫理的預言者と模範的預言者の二つに分けた。前者の場合、預言者は旧約聖書の預言者、イエス、ムハンマドのように、神の委託を受けてその意志を告知する媒介者となり、この委託にもとづく倫理的義務として服従を要求する。後者の場合、預言者は模範的な人間であり、ブッダ、老子、孔子のように、みずからの範例を通して他の人々に宗教的な救いへの道を指し示す。つまり、ウェーバーは、通常預言者と見なされていない思想家を預言者と見なすことによって、従来の世界宗教の区分をカッコにいれたのである。

それはまた、哲学と宗教という区分をカッコにいれることでもある。通常、哲学は宗教と異質なものと見なされる。哲学は理性であり、宗教は非理性ないし理性を越えるものである、と。また、哲学はギリシア的なものであり、宗教はヘブライ的なものである、と。しかし、このような区別は、哲学に関してのみならず、宗教に関しても認識を妨げるものである。

たとえば、イスラエルの預言者は「神の言葉」を語る。しかし、実際には、それは「人の言葉」であった。つまり、それは神憑《かみがか》りの言葉なのではなく、知識人らが吟味を経た認識を「神の言葉」として書いたものなのである。(3) 一方、ギリシア哲学の起源に関していえば、それは通常、イオニアにおける自然哲学に始まったとみなされる。それはオリンポスの神々への理性的な批判であった。したがって、哲学の起源は宗教とは対極的であると考えられる。しかし、イオニアの自然哲学は無神論ではなかった。彼らは擬人化された神々の観念を批判したが、逆にいえば、そのような批判は、擬人化されないような「唯一の神」という観念によってのみ可能となった。自然哲学は、普遍宗教と同様に「脱呪術化」によって生じたのである。したがって、それは狭義の自然学の範囲にとどまるものではなかった。その意味では、イオニアの自然哲学者を模範的預言者として見ることもできる。

模範的預言者という概念は、紀元前六世紀ごろに並行的におこった世界史的な「飛躍」を見るのにも必要な視点である。イスラエルにおいて普遍宗教が出現していたのとほぼ同時期に、イオニアでは哲学が出現していた。このことの意義を普遍的に考察するためには、さらにほぼ同時期、東アジアにおいて未曾有の知的事件が生じたことを併せて見るべきである。

中国では、都市国家が争った春秋戦国時代に、諸子百家と呼ばれる思想家たちが輩出した。彼らは各国にその思想を説いてまわった。彼らが受け入れられたのは、当時各国が、これまでのように氏族的共同体の伝統に依拠してやっていけなくなったからだ。諸子百家の中に、老子、孔子、墨子、さらに、韓非子に代表される法家、公孫龍に代表される名家などがいた。今日の観点からいえば、法家は政治学、名家は言語哲学ということになるだろう。しかし、そのような分類には意味がない。また、この時期にあった「飛躍」は、それらのうちのどれかに集約されてしまうものではない。大事なのは、多様な思想が同時に競合的に出現したことである。

これらの思想家のなかで、老子と孔子は、のちに道教や儒教の始祖とされたが、特に宗教的であったわけではない。老子は「無為自然」を説いた。しかし、それが、老子を始祖とする呪術的な道教と無縁だということは明白である。無為とは呪術＝神強制の否定であるから。また、孔子は「怪力乱神を語らず」と述べ、「未だ生を知らず、焉んぞ死を知らん」と述べた。といっても、彼は無神論者でも懐疑論者でもなかった。ただ、呪術＝神強制の態度を斥けたにすぎない。孔子は超越的な「天」を信じた。しかし、そのことによってむしろ、彼は、思想の焦点を、この世における人間と人間の関係という次元に移したのである。

一方、老子は「道」という概念を導入した。道はフィジカルなものであると同時に、無限者である。老子がもたらしたのは、一種の自然哲学である。それはまた政治的な哲学でもあった。イオニアの自然哲学の流れを汲む者がノモスを疑いフィシスに従うことを説き、そこから独自の政治哲学が生まれたように、老子の自然哲学も政治的思想に直結したのである。

　交換様式の観点からみれば、老子の考えは第一に、交換様式A、つまり束縛的な共同体の否定である。第二に、それは交換様式B(暴力による統治)の否定である。共同体・国家が崩壊しつつあった春秋時代に、孔子はそれらを「仁義」によって再建しようとした。それは交換様式Aの回復を意味する。老子はそれさえも斥け、「大道廃れて安《ここ》に仁義あり」と批判する。「大道」とはある意味で、A以前の遊動民的な世界のあり方である。したがって、「無為自然」という考えは、交換様式Dを示唆しているといってよい[4]。

　老子や孔子の教えはその後に新たな宗教を開くものとされた。しかし、そもそも、彼らはそれまでの宗教を否定する自由思想家であった。その点で、イスラエルの預言者やイオニアの自然哲学者と何ら変わるところはない。宗教、哲学、科学といった今日の分類に従うかぎり、紀元前五、六世紀におこった世界史的な「飛躍」は、到底理解することができない。それらはいずれも、人類史における交換様式Dの出現を画しているのである。以上のような観点から、私はイオニアに始まる「哲学」について考え直したい。

第一章　イオニアの社会と思想

1　アテネとイオニア

ブッダや老子は、古代社会が転換期にあったときに出現した自由思想家であった。彼らはのちに宗教的開祖と目されるようになったが、われわれはむしろ、彼らを自由思想家として見直すべきなのである。その一方で、私がここで試みたいのは、ほぼ同時代にイオニア地方の都市国家において出現した自由思想家、さらにそれを受け継いだ一群の思想家を、「模範的預言者」として見直すことである。

今日イオニアの自然哲学に関しては、近代の自然科学の先駆的な形態がそこに見出されはするが、それ以外のことは無視される。まるでイオニアの思想家が自然のみを対象とし、その他の問題について(今日の大半の自然科学者と同様)何も考えなかったかのように。このような見方は、アテネの哲学者(プラトンやアリストテレス)によって形成された偏見にすぎない。たとえば、プラトンはソクラテスが、外的自然の研究から、人間の研究へ、つまり、社会における人間的行為の研究へと哲学を転回させたという(『パイドン』)。また、アリストテレスは、ソクラテス以前の哲学は自然学であり、ソクラテスによってはじめて倫理的考察に転回した、という(『形而上学』第一巻三―六章)。つまり、真の意味での「哲学」はアテネにおいて始まったのであって、イオニアにはその萌芽があったにすぎない、と考えられているのである。

このような偏見は今も残っている。それを覆すことは容易ではない。われわれはイオニアの思想家について、プラトンとアリストテレスが書いたもの以外の資料をほとんどもたないからだ。残った資料に依拠するかぎり、二人がいう「哲学」の枠組によって切り取られたものだけを見ることになる。このような偏見を脱するために必要なのは、先ずアテネ中心主義的な観点を疑うことである。

実は、ギリシアに特徴的であると思われているものは、ほとんどすべてイオニアに始まっている。たとえば、ギリシアの民主政の要因として、フェニキア文字を改良して誰でも習得できる表音文字(アルファベット)が作られたことがあげられるが、それはイオニアで始まったのである。ギリシア人の共通の文化となったホメロスの作品もイオニア方言で書かれた。また、価格の決定を官僚ではなく市場に任せたということが、ギリシアの民主政をもたらした要因の一つだといわれるが、それもイオニアに始まった。通貨の鋳造を始めたのはイオニア人である。彼らは隣国のリディア王国でなされていたものを取り入れ、その結果、イオニアではいち早く貨幣経済、海外交易が発展したのである。

イオニアの諸都市には、エジプト、メソポタミアなどアジア全域の科学技術、宗教、思想が集まった。イオニアの人々はそれらを積極的に受け入れたが、アジア的専制国家で発達したシステムの幾つかをけっして受け入れなかった。たとえば、官僚制、常備軍ないし傭兵である。また彼らはアジアの専制国家のように国家官僚による価格統制を行わず、それを市場に任せた。そして、このやり方が他の地域に広がったのである。

ポリスの原理に関しても同様である。たとえば、ギリシアのポリスは、それまでの氏族社会が血縁によって規定されていたのと違って、各人の自主的な選択によって成り立つといわれる。しかし、そのような原理はギリシアのポリス全般に一様に存在したわけではない。それはイオニアの植民都市に始まり、さらにそこからの植民によって派生したポリスに広がった。その後に初めて、ギリシア本土のポリスにも広がったのである。

ギリシア本土のポリスは本来、部族連合体としてはじまっている。たとえば、アテネには、オイキア(家族)、その上に、ゲノス(氏族)、フラトリア(兄弟団、胞族)、フュレ(部族)という四つの階層があった。そこに、旧来の氏族社会の伝統が濃厚に残存したのである。これらが解消されて、「デモス」として再編されたのが前五〇八年である(クレイステネスの改革)。しかし、それによって、血縁的な伝統を超えて個人の自主的な社会契約にもとづくようなポリスが形成されたのではない。たとえば、アテネの最盛期といわれるペリクレスの時代において、アテネの市民権は血縁によって決定され、外国人(他のポリスの者)は排除されるようになったのである。

実は、アテネのポリスは、ギリシア以外の地域で形成された部族連合体としての都市国家と基本的に異なるものではない。メソポタミアでもエジプトあるいは中国でも、最初は部族連合体としてできた都市国家が、相互の抗争を通して、専制国家を形成するにいたったのである。イスラエルの部族連合体も同様であった。先に述べたように、それはダビデ、ソロモンの王朝に至って、アジア的な専制国家になった。それを否定する原理をユダヤ教がもつにいたったのは、バビロニアに滅ぼされ、バビロンの捕囚となった時期である。

ところが、ギリシア人はそのようなコースをたどらなかった。それは、彼らが辺境にあり氏族的慣習を濃厚に残していたということからは説明がつかない。というのは、彼らに先行してギリシア地域に南下した人々は、多数の都市国家(小王国)の抗争を経て、アジア的専制国家(ミケーネ文明やクレタ文明)を築いたからである。それがむしろ通常のコースなのだ。それらが崩壊したあとに南下したギリシア人にも、同じ道をたどる可能性が十分にありえたのである。にもかかわらず、そうはならず、多数の自律的なポリスが形成された。

なぜか。それは、彼らが国家を拒む原理を保持していたからである。といっても、それは彼らが氏族社会の原理を保持していたということとは別問題である。確かに、氏族社会は国家形成に抵抗する。しかし、いったん文明を受け入れると、決まってアジア的な専制国家の方向に向かう。その場合、氏族的な慣習はそれに抗うよりも、それを補強するものに変わる。しかるに、新たに南下したギリシア人はそのような方向をたどらなかった。氏族社会の原理を否定しながら、同時に、氏族社会に存する国家に抗する原理を高次元に回復するという出来事が生じたのである。

それはアテネやギリシア本土から多くの者が移民した〝イオニア〟の地に起こった。そして、この地は〝バビロン〟と並んで、世界史的に特異な出来事が起こった場所である。イオニアもバビロンも歴史的に無視されたわけではない。しかし、それらがもつ画期的な意義は隠蔽されたのである。〝イオニア〟がなければ、アテネの文化や政治はなかっただろう。むしろアテネ人はイオニアの思想や政治の影響を受け入れつつ、必死にそれを抑圧しようとしたのだ、というべきである。アテネの「哲学」とは、一言でいえば、イオニアに由来する思想を受け入れながらそれを超克しようとする企てであった。だが、これから述べるように、それはたんに哲学の問題である以上に、政治的な問題なのである。

2 イソノミアとデモクラシー

ギリシアにおける民主主義《デモクラシー》の進展といえば、アテネを中心として語られる。この見方はまちがっている。イオニアから見るべきだからだ。しかし、ある意味で、そのような見方は正しい。というのは、イオニアにはデモクラシーなるものがなかったからだ。イオニアにあったのはデモクラシーではなくて、イソノミアである。イソノミアとデモクラシーは異なるものなのだが、ほとんど同一視されている。『歴史』において、イソノミアという概念を用いたヘロドトスも例外ではない。私の見るかぎり、この二つの概念を区別し、しかも、その差異に重要な意義を見ようとしたのは、ハンナ・アーレントだけである。

　政治現象としての自由《イソノミア》は、ギリシアの都市国家の出現と時を同じくして生まれた。ヘロドトス以来、それは、市民が支配者と被支配者に分化せず、無支配《ノー・ルール》関係のもとに集団生活を送っているような政治組織の一形態を意味していた。この無支配という観念はイソノミアという言葉によって表現された。古代人たちがのべているところによると、いろいろな統治形態のなかでこのイソノミアの顕著な性格は支配の観念(君主政 monarchy や寡頭政 oligarchy の *ἄρχειν* ―― 統治する ―― からきた“-archy”や民主政 democracy の *κρατεῖν* ―― 支配する ―― からきた“-cracy”)がそれにまったく欠けている点にあった。都市国家は民主政ではなくイソノミアであると思われていた。「民主政」という言葉は当時でも多数支配、多数者の支配を意味していたが、もともとはイソノミアに反対していた人びとがつくった言葉であった。彼らはこう言おうとしたのである。「諸君たちのいう「無支配」なるものは、実際は、別の種類の支配関係にすぎない。それは最悪の統治形態、つまり、民衆《デモス》による支配である」。

すなわち、トックヴィルの洞察にしたがってわれわれはしばしば自由に対する脅威だと考えている平等は、もともと、自由とほとんど同じものなのであった[1]。

アーレントは、このイソノミアという原理がギリシア全般にあったと考えているようである。しかし、そのように見ると、さまざまな矛盾が生じる。後述するように、彼女の理論から見ても、それはイオニアに始まったというべきである。イソノミア(無支配)はたんなる理念ではなかった。それはイオニア諸都市において現実に存在したものであり、イオニアが没落したのちに、他のポリスに理念として広がったのである。

イソノミア(無支配)はなぜイオニア諸都市に始まるのか。そこでは植民者たちがそれまでの氏族・部族的な伝統を一度切断し、それまでの拘束や特権を放棄して、新たな盟約共同体を創設したからである。それに比べると、アテネやスパルタのようなポリスは、氏族の盟約連合体として形成されたため、旧来の氏族的伝統を濃厚に留めたままであった。それがポリスの中の不平等、あるいは階級対立として残ったのである。そのような所でイソノミアを実現しようとすれば、デモクラシー、すなわち、多数決原理による支配しかない。

イオニアでは、人々は伝統的な支配関係から自由であった。しかし、そこでは、イソノミアはたんに抽象的な平等性を意味したのではない。人々は実際に経済的にも平等であった。そこでは貨幣経済が発達したが、それが貧富の格差をもたらすことがなかったのである。なぜそうなのかについては後述するが、ひとまず簡単にいっておくと、イオニアでは、土地をもたない者は他人の土地で働くかわりに、別の都市に移住した、そのため、大土地所有が成立しなかったのである。その意味で、「自由」が「平等」をもたらしたといえる。

それに対して、ギリシア本土のポリスでは、貨幣経済の発展は深刻な階級対立をもたらした。多くの市民が債務奴隷に転落したのである。それを阻止するために、スパルタでは、貨幣経済や交易を廃止し、経済的平等を徹底化した。その結果、「自由」が犠牲にされることになった。一方、アテネでは、市場経済と自由を保持したままで、多数者である貧困者階層が国家権力を通じて少数の富裕者から富の再分配を強制するようなシステムが創りだされた。それがアテネのデモクラシーなのである。

アリストテレスはいう。《民主制的国制の根本原理は自由である。……そして自由の一つは順番に支配されたり支配したりすることである》(2)。この意味では、民主制は無‐支配のように見える。しかし、現実には財産における不平等がある。だから、アリストテレスはこういっている。《民主制においては貧乏な人々が富裕な人々より有力であることになる、というのは、彼らはより多数であるが、このより多数の者が決定したことが最高の権威をもつからである[3]》。つまり、民主制は多数者支配なのである。そこでは、平等は少数の貴族階層の自由を制限することによって実現される。したがって、近代の代議制民主主義と異なって、アテネの直接民主主義では自由と平等の背反がなかった、ということはできない。むしろ、そこに、近代の民主主義がかかえる問題がすべて露出している。

近代の民主主義とは、自由主義と民主主義の結合、つまり、自由‐民主主義である。それは相克する自由と平等の結合である。自由を指向すれば不平等になり、平等を指向すれば自由が損なわれる。自由‐民主主義はこのディレンマを越えることができない。それはたとえば、自由を志向するリバタリアン(新自由主義)という極と、平等を志向する社会民主主義(福祉国家主義)の極を、振り子のように揺れ動くという形をとることになる。

現在、自由‐民主主義は人類が到達した最終的な形態(歴史の終焉)であり、その限界に耐えつつ漸進して行くしかない、と考えられている。しかし、当然ながら、自由‐民主主義は最後の形態などではない。それを越える道はあるのだ。そして、そのための鍵を古代ギリシアに見出すことが可能である。が、それはけっしてアテネではない。アテネのデモクラシーを範とすることによって、近代の民主主義の問題を解決することなどできはしない。むしろ、近代の民主主義に存する困難の原型をこそ、アテネに見出すべきなのだ。

現代の民主主義が自由主義と民主主義という、相反するものの結合であることを洞察したのは、カール・シュミットであった。今日では、民主主義は議会制民主主義と同一視されているが、議会制がなくても、民主主義は可能である。議会制は民主主義に固有のものではなくて、自由主義に属するものだ、とシュミットはいう。《民主主義の本質をなすものは、第一に、同質性ということであり、第二に――必要な場合には――異質的なものの排除ないし絶滅ということである》(4)。したがって、つぎのように述べる。《ボルシェヴィズムとファッシズムとは、他のすべての独裁制と同様に、反自由主義的ではあるが、しかし必ずしも反民主主義的であるわけではない》(5)。

古代ギリシアでいえば、スパルタは国家社会主義的であり、アテネは自由-民主主義的なのである。個人性を犠牲にして経済的平等を実現したスパルタと対照的に、アテネは市場経済を認め言論の自由を認めたが、その分、不平等、階級分解という事態に直面せざるをえなかった。アテネの民主主義とは、富の再分配によって平等化をはかるものである。他方で、アテネの民主主義は成員の「同質性」にもとづいている。それは異質な者を排除する。そのような体制は、先に述べたように、アテネ民主政の黄金期とされるペリクレスの時代に強化されたものである。

さらに、アテネの民主主義は奴隷や寄留外国人を搾取することだけでなく、他のポリスを支配することによって実現された。たとえば、ペリクレスは市民の経済的格差を解消するために、デロス同盟を通して他のポリスから収奪した金を流用した。それは市民に議会に出席する日当として分配された。つまり、アテネの「直接民主主義」は、帝国主義的な膨張によって可能となったのである。それは大衆を扇動する民衆指導者《デマゴーグ》を生み出すことになった。こう見ると、現代の民主主義の諸問題をアテネに見出すことは可能だとしても、その解決への鍵をアテネに見出そうとするのは明らかに的はずれである。

3　アテネのデモクラシー

イオニア諸都市は前六世紀半ばに、リディア(クロイソス王)、そしてペルシア(キュロス王)に征服された。各都市はペルシア帝国に従属する僭主が支配するようになった。一方、アテネでは僭主政を倒して、デモクラシーが進行した(前五〇八年、クレイステネスの改革)。また、アテネはペルシア戦争を通してイオニア諸都市を解放した。その結果、イオニアにおいてさえ、アテネは民主政の輝かしい先駆者と見なされるようになった。イソノミアという言葉は残ったが、それがかつてイオニアでもった意味は見失われた。

たとえば、ヘロドトスは『歴史』において、イソノミアという語を何度か使っているが、それをアテネのデモクラシーと同一視している。その理由は、彼がイオニア出身とはいえ、すでにイオニアの諸都市がペルシアの支配に屈して久しく、イソノミアがたんなる観念となり、それとアテネのデモクラシーの区別ができないような時期に育ったからだろう。

アテネ人のトゥキュディデスにいたっては、イオニアについてほとんど関心を示さない。たとえば、彼は『戦史』で、イオニアの諸都市はアテネ人が植民してできたと述べている。しかし、これは、ペルシア戦争以後、「アテネ帝国」がイオニア地域を支配するようになってのちに生まれた見方である(6)。実際には、アテネだけでなく各地からイオニアに植民したのだ。その上、イオニアの人々は出身地とのつながりを重視しなかった。ゆえにまた、そこに、氏族社会の伝統の色濃いギリシア本土とは異質な文化が形成されたのである。前七世紀には、イオニアに商工業が発展していること、そしてイソノミアがあるということは、広く本土にも知られていたと思われる。

アテネの民主主義といえば、アルコン(執政官)となったソロンによる改革(前五九四年)に始まるとみなされている。彼は債務奴隷となった平民を救済するために、負債を帳消しにし、債務奴隷を自由にし、さらに身体を抵当とする借財を禁止した。市民が参与する評議会をつくり、また、移住してきた外国人に市民権を与えた。しかし、ソロンが一人でこれを考え出したということはありえない。彼はそれをイオニアから学んだのである。その意味で、ソロンはイソノミアを実行しようとした最初のアテネ人である。だが、同時に、彼はそのことで挫折を味わった。

ソロンはまもなく僭主ペイシストラトスにとってかわられた。彼はペイシストラトスの野心に気づき市民に警告したが、受け入れられず亡命した。しかし、アテネでイソノミアが実現されなかったのは、ソロンのせいではなく、イオニアにあったような社会的条件がなかったからである。アテネでは、貴族(大土地所有者)と大衆との間の経済的不平等があった。経済的な平等を伴わないかぎり、政治的平等としてのイソノミアは空疎なものでしかありえない。そして、平等化は土地の没収と再分配を行うことによってしか実現されない。実際、大衆はそれを要求した。この要求を満たそうとしたのが僭主ペイシストラトスの統治(前五六〇―五二七年頃)であった。

その後、アテネの僭主政は前五一〇年まで続き、その後に、本格的な民主政が始まったと考えられている。それは別にまちがいではない。しかし、僭主政と民主政は見かけほど異質なものではない。ソロンは、僭主ペイシストラトスが反イソノミア的であることを批判した。しかし、ソロンのやり方ではイソノミアを実現できず、もしそれを実現しようとするなら、先ず独裁的な権力を獲得し、土地の再分配を実行しなければならない、というのがペイシストラトスの考えであった。この件に関して、ヘーゲルは、ソロンとペイシストラトスを、目的を同じくする二つの異なる仕事を分担したペアとして見るべきだという。

公共の法律は、個人がその意味を洞察し了解しないかぎり、個人にとって暴力のように思われます。……最初は暴力を行使することが必要なので、その結果、民衆に洞察力が生まれ、法律を、おしつけられたものではなく、自分のものと感じるのです。大多数の立法者や国家経営者は、みずから民衆に暴力を行使し、僭主となることを引きうける。かれらが引きうけなければ、他の個人が引きうけねばならぬ道理で、いずれにせよ、それは避けては通れぬ事柄です。……ソロンとペイシストラトスが分担した二つの仕事を、コリントのペリアンドロスやミティレーネのピッタコスはひとりでこなしています。(7)

このような認識がソロンには欠けていた、とヘーゲルはいう。つまり、ソロンのめざしたことは彼自身のやり方では実現不可能であり、僭主ペイシストラトスの独裁を通してしか実現されないようなものであった、というのだ。しかし、ヘーゲルはつぎのことを見落としている。もしソロンがめざしたのがイソノミアであるとすれば、それはアテネではついに実現されなかったのだ。確かに、ペイシストラトスの死後、僭主政が廃止され民主政が実現された。だが、それはイソノミア(無支配)とは本質的に異なる「支配」の一形態であった。

ヘーゲルがアテネに見出したものは、むしろ近代の政治的過程である。近代の民主主義は、先ず封建諸勢力を制圧する絶対王政あるいは開発独裁型の体制を経た上で、つぎにそれを打倒する市民革命を通して実現されてきた。このように先ず一度は権力の集中を経なければ実現されないということは、デモクラシーが本質的に「支配《クラシー》」の一形態であることを証すものである。近代の民主主義革命では、旧来の主権者(王)は殺害ないし追放され、それまで臣下であった国民が主権者となる。しかし、この国民という主権者には、実は、絶対主義的な王権が隠れている。つまり、民主主義とは権力の集中を通過することによって実現される「支配」の一形態なのだ。

4　国家と民主主義

イオニアのポリスが没落したのは、自らを防衛する軍事力を十分にもっていなかったからである。商工業を重視したイオニア人は軍事を重視しなかった。一方、アテネはスパルタと同様に、根本的に戦士＝農民共同体であり、そこでは軍事が優先された。イオニアの貨幣経済の発展とともに、ギリシア本土のポリスにも貨幣経済が浸透したが、市民が商工業に従事することはなかった。ただ、貨幣経済の浸透は戦士＝農民共同体を瓦解させた。市民の多くが債務奴隷に転落してしまったからである。これは自弁の重装歩兵にもとづくポリスにとっては、ただちに軍事的危機を意味した。したがって、ポリス存続のために社会的改革が不可欠だとみなされたのである。それには貴族も同意せざるをえなかった。

　アテネ人が民主化を促進した動機はここにあった。それはイオニアにおけるイソノミアの成立過程とはまるで違っている。一方、スパルタでも民主化が起こった。それは一切の交易と貨幣経済を廃止すること、そして、土地所有の平等化である。ある意味で、これは徹底的な「民主主義」である。しかし、それは彼らが近隣のメッセニア人を征服して奴隷《ヘロット》にしたこと、そして、その地域が肥沃な農業地帯であったために、交易を必要としなかったことによって可能となったのである。だが、そのため、スパルタ人はたえずヘロットの反乱に備えて、戦士共同体を強固にする必要が生まれた。そこから、スパルタ的な軍国主義が生まれたのである。

　一方、アテネでは交易や貨幣経済の廃止は不可能であった。したがって、それを受け入れながら、階級問題を解決するほかなかった。それがデモクラシーなのだ。この意味で、アテネのデモクラシーは何よりも国家を保持するために必要とされた。つまり、軍事がデモクラシーを要請したのである。前七世紀半ばに採用されるようになった重装歩兵による密集戦法は、旧来の貴族が馬に乗り平民が歩兵であるような騎馬戦法とはまったく違っていた。貴族はもはや不必要となった。この戦法がスパルタのみならず、アテネでも民主化を促進したのである。さらに、ペルシア戦争において、ペルシア側では奴隷が軍艦の漕ぎ手であったのに、ギリシア側は自弁で武器を調達できない貧しい市民が漕ぎ手となった。そして、戦争の勝利は、こうした市民たちの政治的地位をますます高めることになった。

要するに、イオニアにおけるイソノミアが独立自営の農業や商工業の発達とともに形成されたのに対して、アテネのデモクラシーはもっぱら軍事的な理由から、あるいは戦士＝農民の要求から形成されたのである。アテネでは、言葉の厳密な意味でのデモクラシーは、ペイシストラトスの死後、その跡を継いだ僭主が追放されたのちになされたクレイステネスの改革(前五〇八年)によってもたらされた。というのも、これによって初めて「デモス」が出現したからである。具体的にいうと、彼は、貴族の権力基盤となっていた古い部族制度を廃止し、地域割りで新しい部族を創設した。このとき、地縁的な性格をもつ「デモス」が出現した。それは、血縁的観念としての氏族社会を否定する一方で、互酬原理としての氏族社会を取り戻すことを意味した。その意味で、デモスは「想像の共同体」(アンダーソン)としての近代のネーションに類似するといえる。

アテネのデモクラシーは、そのような〝ナショナリズム〟と切り離すことができない。

そこでは、外国人はどんなに富裕であっても、土地をもてず、市民にもなれなかった。彼らは法的に保護されないのに、高い税を課されていた。また、アテネの市民は建前上農民であるが、実際には農業に従事しなかった。戦争に行くため、また国政に参加するため、労働を奴隷に任せたのである。土地があっても奴隷をもたない者は市民の義務を果たせない。市民であるためには、奴隷が必要である。ゆえに、デモクラシーの発展がますます奴隷を必要とさせたのである。イオニアの市民と対照的に、アテネの市民は手仕事を奴隷の仕事として軽蔑していた。イオニアの思想家とアテネの思想家の違いは、何にもましてこの点にある。

5　植民とイソノミア

ギリシアでは数千ものポリスが乱立し、それらが連合しながら、たえず争っていた。これは他に類を見ないものである。マルクスはその原因を、古代ギリシアの社会が高度な文明を達成しながら氏族社会的な諸制度をとどめていたことに見ようとした。《彼らのアッティケ定住のときからソロンの時代まで、あれほど長期にわたって古い氏族組織を維持できたのは、もっぱら諸部族（アッティケ）の不安定な状態とたえまない交戦とによるものであった[8]》。

アテネやスパルタのようなギリシア本土のポリスでは、氏族社会的な伝統が濃厚に残っていた。たとえば、アテネでは氏族社会に根ざす門閥の支配が残った。だが、ギリシアのポリスを特徴づける原理は、そこから生じたのではない。すでに述べたように、古代世界の各地に発生した都市国家は氏族社会的であったが、相互の抗争を通してアジア的な専制国家に帰結している。ギリシアでそうならなかったのは、氏族社会的な原理があったからではない。逆に、それを否定する原理があったからだ。それがイオニアから来たイソノミアの観念である。

なぜイオニアか。それは先に述べたように、イオニアの諸都市が、氏族社会的な拘束から離れた植民者たちによって形成されたからである。そこでは、人々は血縁的なつながりや拘束から自由であった。それは、そこに生まれたというだけで個人がその〝贈与〟に対して報いなければならないというような、互酬原理から切れていたということである。そのことは、彼らがポリスに対して忠誠であったことと矛盾しない。実際、彼らはポリスに所属することを自発的に選んだ。ポリスはそのような盟約(社会契約)によって成立したのである。彼らの忠誠は血縁ではなく、盟約に向けられていた。

彼らの盟約はアポロンのようなオリンポスの神々の下でなされた。したがって、彼らのポリスへの忠誠は神々への忠誠というかたちをとった。ここでイオニアにおけるポリスの神々が古い氏族神ではなく、外来のオリンポスの神々であったことに注意すべきである。ギリシアにおけるポリスの原理が先ず確立されたのは、古い氏族社会が残存したところではなく、逆にそれがないような植民市においてであり、それが後にアテネやその他のポリスに波及していったのである。

以上のことから明らかなように、ギリシアのポリスを独自なものにしたのは、紀元前一〇世紀から八世紀まで続いた活発な植民活動である。その場合、重要なのは、ギリシアにおける植民の仕方である。イオニアでは植民者が新たに形成する共同体は、それ以前のポリスや氏族から独立していた。ミレトスのような大都市からはさらに別の地域への植民が行われた。このような植民の連続が、氏族社会の伝統を無化したのである。

通常、植民者は母国や母市との絆を失うことはない。むしろ、その絆があるからこそ、国家はその領土を拡大するために植民者を送りこむのだ。たとえば、ローマの場合がそうであった。しかし、植民市が母市と密接につながっていたり従属的である場合、植民活動は各ポリスの拡大競争となり、結局、小ポリスが拮抗しながら共存するような状態は無くなってしまうだろう。事実、イタリアでは、ローマ市が勝利し帝国を築いた。したがって、ギリシアのように、植民市が母市あるいは氏族的な紐帯から切れてしまうのは稀有な例なのだ。

なぜギリシアでは、そのようなことが生じたのか。それは一般的に信じられているように、ギリシア本土が発展した文明をもっていたからではない。逆に、アテネ本土に氏族社会の伝統が濃厚に存在していたからである。実際、ギリシア人のような植民の仕方は、氏族社会におけるそれと共通するものである。たとえば、モルガンは、北アメリカの氏族社会に関してつぎのように述べた。《村落がその成員で人口過剰になると、移民団が同じ河流をあるいは上りあるいは下り、新しい村落を創設した。これが時折くりかえされ、このような村落が数個発生した。各村落はそれぞれ独立し、自治的の集団であったが、相互の防衛のために、一つの連盟あるいは連合体に結合したのである[9]》。

定住化とともに成立する氏族社会は、拡大するにつれて、その内部に深刻な不平等・対立を生み出す。それを解消する手段の一つが植民であった。この問題に関して、人類学者テスタールは、つぎのようにのべている。

遊動狩猟＝採集民では、社会組織の柔軟性、集団分裂のたやすさ、可動性などが、皆の許容範囲の限界をこえた搾取を許さなかった。そんなことになれば、被搾取者はどこかよそへいって住み、集団は分裂したからである。したがって、集団の決定は全員一致でしかおこなわれなかった。定住生活の状況では、住民や備蓄の固定構造が人々の自由な移動をさまたげる要因となる。不満な人々が出てゆけないので、搾取が深刻になるわけである[10]。

氏族社会は、放っておけば階級分解にいたる定住社会に、厳しい互酬交換の原理を課すことによって、平等性を保持するのだが、それにも限界があるので、時折、植民が行われる。植民を通して、氏族社会に遊動性が回復されるといってもよい。また、植民によって多くの氏族が新たに形成され、それらの連合が可能になる。それによって、部族連邦が形成されるのである。

ギリシアにおける植民活動もそのようなものである。それによって生まれた多数のポリスは互いに戦争しながらも、オリンピアの競技会に象徴されるように、緩やかな連合体を形成していた。そのきっかけはイオニアへの植民にあった。それが新たな原理をもたらしたからである。その結果、イオニアの諸都市において回復されたのは、氏族社会よりもむしろ、それに先行するような遊動民のあり方である。

むろんイオニア人は狩猟採集民や遊牧民に戻ったのではない。彼らが遊動性を回復したのは、広範囲の交易や手工業生産に従事することを通じてである。これは、ギリシアで一般的であった、戦士＝農民の伝統を棄てることを意味する。ヘロドトスは、職業的技術を軽蔑するギリシア人の慣習についてこう書いている。

ギリシア人が果してこのような慣習をもエジプト人から学んだものかどうかは、私にも明確な判断が下し難い。というのは私の見る限りトラキア人、スキュタイ人、ペルシア人、リュディア人はじめほとんどすべての異国人(非ギリシア人)が、職業的技術を習得する者たちとその子孫を他の市民よりも下賤のものと見なし、このような手工業に携わらぬ者、中でも特に軍事に専従する者を尊貴なものとしているからである。しかしいずれにせよギリシア人はみなこのような慣習に染まったわけで、殊にスパルタ人は最もはなはだしい。技術的職業を軽んずることが最も少ないのはコリントス人である。(11)

実は、技術的職業を軽んじることが最も少なかったのはイオニアの諸都市だというべきである。ただし、それはヘロドトスが生きていた時代にはすでに消滅していた。ここで注意したいのは、ヘロドトスが指摘するように、技術的職業を軽視するのは、他人から略奪したり他人を強制的に使役することを価値とするような文化だということである。対照的に、イオニアに始まったのは、労働と交換によって生活することを価値とするような文化である。だが、それはなぜ階級分解をもたらさなかったのか。つまり、自由であることによって同時に平等であるというイソノミアの原理がどうしてそこに成立しえたのか。

一般に、貨幣経済が進むと、階級的分解が生じるといわれる。事実、アテネではそれが進行し、市民の多くが債務奴隷となった。ソロンの改革に始まるアテネの民主化はこの事態に対処するものであった。貨幣経済を廃止したスパルタのコミュニズムも同様である。だが、貨幣経済がただちに大土地所有や階級分解をもたらすのではない。それらをもたらしたのは、交易そのものではなく、他人を労働させるシステムであった。たとえば、奴隷ないし債務奴隷(賃労働)のような労働力がなければ、大土地所有や富の蓄積は成り立たない。

しかるに、イオニアでは独立自営農民が主であり、大土地所有者はいなかった。その原因は使役可能な他者がいなかったことにある。土地をもたない者は、他人の土地で働くより、別の土地に移動したのである。その上、アテネやスパルタと違って、イオニアでは奴隷制生産に依拠することがなかった。大量の奴隷を獲得し、かつその反抗や逃亡を阻止するためには、軍事的な国家でなければならないが、イオニアのポリスはそのような方向に進まなかった。彼らは積極的に商工業と交易に従事することによって生きたのである。

イオニアでは、商工業や交易の発展は深刻な階級格差をもたらすことはなかった。貨幣経済が貧富の差をもたらすのは、政治的な権限の不平等が存在する場合である。たとえば、海外交易から大きな利益が得られるのは、それが国家によって独占される場合である。一般に、遠隔地交易は国家によっておこなわれる。官僚がそれを行う場合もあるし、商人にやらせて課税するという方法をとる場合もある。アテネも例外ではない。彼らは寄留外国人に交易を任せ、そこから税を得たのである。アテネは交易の中心として発展したにもかかわらず、市民は交易に従事しなかった。彼らの富の蓄積は、農園や銀山における奴隷労働にもとづいていたのである。

一方、アジア全域に広がったイオニア人の交易は、国家的ではなく、私的交易であった。それは商工業者のネットワークによってなされた。イオニアのポリスは、ある意味で、このような商工業者たちの評議会なのである。国家による交易の独占がない場合、交易の利潤は平準化される。この場合、市場経済や交易はただちに格差をもたらすものではない。アテネで貨幣経済によって階級分解が進んだのは、もともと門閥(大土地所有者)が政権を握っていたからである。

そのような不平等や支配—被支配の関係はイオニアには生じなかった。いいかえれば、イソノミア(無支配)が存在したのである。もしあるポリスに不平等や支配—被支配関係が生まれたならば、人は別の所に移動すればよい。その意味で、イソノミアは根本的に遊動性を前提しているのである。さらに、イオニアに新たな遊動性をもたらしたのは、商工業の発展である。

交換様式という観点から見ると、イオニアでは、交換様式Aおよび交換様式Bが交換様式Cによって越えられ、その上で、交換様式Aの根源にある遊動性が高次元で回復されたのである。それが交換様式D、すなわち、自由であることが平等であるようなイソノミアである。アテネのデモクラシーが現代の自由民主主義(議会制民主主義)につながっているとすれば、イオニアのイソノミアはそれを越えるようなシステムへの鍵となるはずである。

6　アイスランドと北アメリカ

イオニアの諸都市がどのようなものであったかを示す史料はほとんどない。しかし、それを推測する二つの方法がある。一つは、イオニアの思想家たちの仕事を読むことだ。そこに政治的な意見が明示されていなくても、イオニア諸都市に固有の社会体制がなければ決して生じないような何かが見出されるならば、それが傍証となりうるだろう。もう一つは、世界史の中にイオニアと似たケースを見出すことである。この章では先ず、後者について論じる。

たとえば、ヨーロッパ中世あるいはルネサンスの自治都市は、ギリシアのポリスと似ているように見える。実際、そこに古代ギリシアの〝ルネサンス〟(再生)が生じたのである。しかし、両者には大きな違いがある。ヨーロッパの自治都市は、封建領主や教会の下で、その認可を受けて成立したものであった。そして、その内部で、門閥・貴族や教会との戦いを通して民主化が進められた。その主体は、ドイツ都市におけるツンフト、イタリア都市におけるポポロのような職業団体であった。そのような意味では、それはアテネにおける民主化の過程と似ているということができる。しかし、イオニアのポリスは、それらとまるで違っている。ここでは氏族的な門閥や祭司の支配は最初から存在しなかった。イオニアにおけるイソノミアの原理は、民主化あるいは階級闘争を経てではなく、何よりも植民・移動によってもたらされたのである。

その点から見て、イオニアのポリスを考えるのに役立つ参照例が二つある。一つは、一〇世紀から一三世紀のアイスランドである。ここには、独立自営農民による自治的社会があった。君主も中央政府も軍もなく、すべてが農民の集会によって決定された。キリスト教会はあったが、他の地域と違って、司祭は聖職者的な地位には立たず、またほとんど妻帯していた。あらゆる意味で、階級的不平等や支配が存在しなかったのである。したがって、ここにイソノミアが存在したといってよい。

このような社会は、同時代の北欧はいうまでもなく、全ヨーロッパの都市と比べても、異例である。そして、それが形成された原因は物質的な条件ではない。アイスランドには牧畜以外の産業がなかったし、交易もなかった。では、逆に、アイスランドに成立した社会を〝未開性〟から説明できるかといえば、そうではない。ヨーロッパには部族的な意識が濃厚にあり、それが封建制社会を支えていたのに、ここにはそれがまったくなかった。その証拠に、彼らは、彼ら自身が北欧から来たにもかかわらず、北欧の神話や武勲叙事詩の伝統とは異質な、ある意味でモダンな文学、すなわち、アイスランド・サガを生み出したのである。それは口承ではなく、書かれたものである。また、それは首長らの争いを描くが、武勲詩とはほど遠い。リアリズム的描写が貫かれ、さらに、男女も平等に描かれている。

これはヨーロッパの武勲叙事詩とは似ても似つかないが、イオニアに生まれたホメロスの叙事詩とは似たところがある。後者は、英雄を称賛する武勲詩であるが、同時にそれに対する慨嘆や怨嗟の声に満ち満ちているのだ。そのような叙事詩がイオニアの社会から生まれたように、アイスランド・サガもまたイソノミア的な社会から生まれたのである。さらに、北欧神話はギリシア神話が北欧まで広がってできたと想定されているのだが、アイスランドでは北欧神話の神々は斥けられている。その意味で、これは、ギリシア神話の神々を斥けたイオニアの自然哲学、そして、それを可能にしたイオニアの社会と奇しくもつながっている。

では、このような社会はいかにして生まれたのか。その理由は、それが植民者によって形成された、ということ以外には見出せない。アイスランドは、八七〇年から九三〇年にかけて、ノルウェーからの移民(一万ないし二万にのぼる)によって形成された。しかも、彼らは組織的な移民ではなく、つぎつぎとやってきた個人であった。したがって、ノルウェー国家や部族共同体とのつながりはなかった。というより、彼らはそれを嫌って移動してきたのである。彼らの出自であるノルウェーは、ヴァイキングが作った侵略的な国家社会の典型であった。それを否定した諸個人が社会契約によって形成したのがアイスランドである。そのことが、生産力から見れば貧弱であったにもかかわらず、アイスランド社会を、同時代のヨーロッパ社会から際立って進んだ社会としたのである。

イオニアのイソノミアに類似するもう一つの例は、一八世紀アメリカのタウンシップに見出される。これもまた、旧社会からの植民者によって形成されたのである。もちろん、北アメリカにおける植民と都市形成はどこでも均一なのではない。それらは、植民者がその母国とつながりを濃厚にもつか否かによって分けられる。たとえば、スペインやフランスの植民地は本国の延長であった。そこでは、大農場《プランテーション》が中心であり、労働力が不足すると、アフリカから奴隷が買い入れられた。一方、イギリスの植民地ではそのようなことが生じなかった。イギリスはすでに市民革命(一六四八年ピューリタン革命)を経ていたからである。イギリスはアメリカの植民地に対して、課税するほかには、ほとんど干渉しなかった。また、イギリス以外からの植民も許容した。

こうしてアメリカ独特の市民社会のシステムは、東部にあるイギリスの植民地において形成された。それがタウンシップと呼ばれるものである。たとえば、入植者はタウンに入ると、一定の土地を与えられる。それ以上の土地をもつことは許されるが、事実上不可能である。というのは、たとえ大土地を得たとしても、家族以外の労働力を得られないからだ。土地をもたない者は、他人の土地で働くよりも、フロンティアに向かう。また、タウンの政治に不満があれば出ていくことができる。つまり、ここでは成員が遊動性(自由)をもつことが平等をもたらすのである。したがって、タウンシップはイソノミア的であるといってよい。

タウンは評議会《タウンミーティング》によって運営され、自治的な裁判制をもっていた。タウンが拡大することはない。その自治性を維持したまま、他のタウンと連邦してカウンティ(郡)を創る。さらに、カウンティもまた自治性を維持したまま連邦して、ステート(州)を形成する。このような連邦制はしばしば、モンテスキューの影響として語られる。しかし、タウンシップはそれ以前から、つまり、独立革命によってアメリカ合州国が形成される以前から存在したのである。

アイスランドの自治社会やアメリカのタウンは、イオニアのポリスがいかにして可能であったかを推測するヒントを与える。第一に、何よりも、イオニアには移動可能なフロンティアが十分にあった、ということである。そのため、自由であるがゆえに平等であるということがありえたのだ。また、独立自営農民らの労働を重視するエートスにもとづいて、商工業が発展した。第二に、イオニアの諸都市にも、周辺に彼らを脅かす国家がなかったということである。たとえば周辺にリディアがあったが、クロイソス王の時代までは侵略的でなかった。イオニア諸都市は貢納するだけで独立と平和を確保できたのである。それはイギリスの植民地であったアメリカの州がイギリスに税を払うだけで、実質的に自治性をもっていたのと同じである。

このように、イソノミア＝タウンシップの存立は、内的および外的な条件に依存する。したがって、そのような条件がなくなれば、消滅ないし変質してしまうことになる。たとえば、アイスランドの自治社会は一三八〇年にデンマークによって征服されて終った。しかし、それが滅んだのは、たんに外的な侵略のためではない。内部における階級分解にそもそもの原因がある。この点でも、イオニアにおけるポリスの没落と類似している。

アメリカのタウンの場合、タウンシップを維持するためには、新たな空間が不可欠であった。それがなくなると、先住民が住んでいた地域を侵略・占領することになる。しかし、それはイギリスによって抑えられた。一七六三年にポンティアックという首長に率いられた先住民の反乱が起きた際、イギリスは先住民とアパラチア山脈から西の地域への移住を停止する協定を結んだのである。西部を開拓しようとしていた植民地の住民は、この措置に憤慨し、その後に政治的独立に向けての気運が高まった。タウンシップの自治を維持するためには、イギリスから独立しなければならない。そのためには、分散していた州が結集しなければならない。そのように考えた結果、それまでのタウンの連邦は、独立戦争を通して、集権的な国家に転化したのである。タウンシップあるいは連邦制は有名無実となった。

遊動性(自由)が平等をもたらすが、それを保持するために、遊動性を可能にする空間を拡張しなければならない。ここにイソノミア＝タウンシップがはらむディレンマがある。アメリカの独立革命はタウンシップと連邦制を守るためになされたが、同時に、それを無化してしまったのである。一方、イオニアでは、連邦は実現されなかった。そしてまさにそのために、隣国のリディアやペルシアの侵攻に対して抵抗できなかった。ヘロドトスはそれについてこう述べている。《イオニアの敗北以前にミレトスの人タレスの述べた見解もまた有益なものであった。タレスの祖先はフェニキア人であったが、彼の意見というのは、イオニア人は単一の中央政庁を設けて、イオニアの中央に当るテオスにこれを置く、ただし他の町々はそのまま存続しいわば地方行政区《デーモス》と見做される、というものであった[12]》。

つまり、タレスはペルシアへの従属を免れるために、ポリス連邦の結成を提唱したのだが、同意を得られなかった、そのためにイオニアは滅んだ、とヘロドトスはいうのだ。ちなみに、この例は、タレスが水を万物の始原に見た自然学者というようなことだけでは片づけられない人だということ、また、イオニアの自然哲学がいかに密接に政治と関連するかを示唆するものである。

7　イソノミアと評議会

タレスが自然哲学者としてあらわれたのは、彼の晩年、ミレトスがリディアの支配下に入るころであった。それに関して、ヘーゲルはつぎのようにいっている。《ギリシャ哲学のはじまりは紀元前六世紀、キュロス王の時代で、小アジアではイオニアの共和国が没落する時期にあたっています。自力で高度な文化を形成した美しい世界が没落しつつあるとき、哲学が登場したのです。……イオニア諸都市の没落と時期を同じくして他のギリシャ諸国は古来の王族による支配を脱しました》(13)。

ヘーゲルは、「イオニアの共和国」の「自力で高度な文化を形成した美しい世界」がいかなるものであったかについて、何もいわない。にもかかわらず、それが没落しつつあるときにイオニアの哲学が出現したという彼の指摘は示唆的である。それは、われわれの文脈でいえば、イソノミアの危機において哲学が始まったことを意味するのである。この危機は外から来ただけではない。内部にもそれがあっただろう。というのは、タレスが連邦を形成しようとしてうまくいかなかったのは、すでに多くのポリスでイソノミアが瓦解していたからだ。

イソノミアが存在していたとき、イオニアの人々はそれを自明としていて、特に意味づけたり理論化したりしなかった。イソノミアについての記録がないのはむしろそのためである。それと類似するのは、東部アメリカの植民者らが現に実行しているタウンシップについて特に意味づけたり理論化したりしなかったことである。それが政治思想として重視されるようになったのは、独立革命とともにそれが形骸化したのちなのである。タウンシップにあった、多数決原理を認めない直接民主主義は、独立革命以後、中央集権と代表制民主主義の下で消滅した。特にそのことに共和制の危機を感じたのがジェファーソンであった。アーレントは、ジェファーソンが「郡《カウンティ》を区《ウォード》に分割せよ」と主張したことに注目している。《ジェファーソンにとって、共和制は区制《ウォード・システム》がなければ、そもそもの基盤から不安定なものであった》。

もしジェファーソンの「基本的共和国《エレメンタリー・リパブリック》」の計画が実行されていたら、それは、フランス革命のときのパリのコミューンのセクションや人民協会にみられる新しい統治形態のかすかな萌芽をはるかに凌駕していただろう。しかし、ジェファーソンの政治的想像力がその洞察と規模の点でぬきんでていたとしても、彼の思想は、やはりフランスのばあいと同じ方向に進んでいた。ジェファーソンの計画とフランスの革命的協会は、いずれも、十九世紀と二十世紀のあらゆる真正の革命に姿をあらわすことになるソヴィエトやレーテのような評議会を、まったく気味がわるいほど正確に予想させるものであった。このような評議会が現れるばあい、それは、きまって人民の自発的機関として生まれ、すべての革命政党の外部に発生するばかりか、党とその指導者のまったく予期に反して姿を現わした。しかし、ジェファーソンの提案と同じように、このような評議会も、政治家、歴史家、政治理論家によって無視されただけでなく、もっとも重要なことは、革命的伝統によって完全に忘れ去られた。はっきりと革命の側に同情を寄せ、人民評議会の出現をその物語の記録のなかに書かざるをえなかった歴史家でさえ、それを革命的な解放闘争における、本質的には一時的な機関にすぎないとみなした。つまり彼らは、評議会制がまったく新しい統治形態、つまり、革命そのものの過程で構成され組織された自由の新しい公的空間、をどれほど自分たちの面前に突きつけていたか、理解できなかったのである。(14)

だが、アーレントがこのようにいうとき、なぜ「評議会」をイソノミアと結びつけようとしなかったのか腑に落ちない。自ら同書の中ですでにイソノミアにつて触れていたにもかかわらず。たぶんそれは、イソノミアをイオニアではなくアテネあるいはギリシア全般にあるものと見なしたからであろう。実は、このような見方は、アテネがギリシアの中心となった時期に生まれた。そのときすでに、〝イオニア〟に何があったかは忘れられていたのである。たとえば、イオニア南方の地域に育ちイオニア的学問を受けついだヘロドトスも、イソノミアをアテネにあるようなデモクラシーと同一視していた。イソノミアが一つの統治形態ではなく、「革命そのものの過程で構成され組織された自由の新しい公的空間」であるということを考えもしなかったのだ。

アテネがギリシアの中心となった時期に生じた、イオニア的イソノミアに関する忘却は、タウンシップがもたらしたアメリカ革命の意味が海外で無視されただけでなく、アメリカ人自身によっても忘却されたことと類似する。《このように世界中がアメリカ革命を無視しているが、それに見合うアメリカ側の記憶喪失も、おそらく、それほど顕著なものではないにしろ、やはり同じように無視できないものである(15)》。

一八世紀末、同時期におこった二つの革命のうち、世界に影響を与えたのはもっぱらフランス革命であった。アーレントはその理由を、フランス革命において「貧困」が重要な動機になったのに対して、アメリカ革命はそれがなかったということに見出している。「貧困なき社会」に起こったアメリカ革命は、その後に、フランス革命のような影響を与えることはなかった。実際、アメリカにおいてすら一九世紀以後、社会の階級分解が進むにつれて、フランス革命に発する革命思想が影響をもつようになったのである。

ところで、「貧困なき社会」というのは「豊かな社会」という意味ではない。貧富の差が少ない社会である。すでに述べたように、アメリカのタウンシップでは土地をもたない人々は他の空間に移動するため、大土地所有が成り立たなかった。つまり、他人を使役することによる富の蓄積が成り立たなかった。したがって、階級分解が生じなかったのである。同じことがアイスランドやイオニアについてもあてはまる。

一方、アテネでは門閥支配の下で貧富の格差が拡大した。その時、僭主ペイシストラトスによる「革命」が起こった。民主政は僭主が否定されたときに成立すると考えられている。しかし、土地所有の平等化を企てたのは僭主である。そして、民主政は、僭主が倒されたのちもしばしば僭主ないしデマゴーグを生み出すのである。アテネのデモクラシーは本質的に「貧困」という問題に動機づけられていた。フランス革命において回復されたのは、そのようなデモクラシーであった。他方、アメリカ革命は独立自営農民のイソノミアに根ざすものであった。が、その意義は当のアメリカ人によって無視され忘れられた。そこでも、まもなくデモクラシーが支配的となったからである。

ところで、アーレントはアメリカのタウンシップに対する「記憶喪失」に関しては鋭敏であるが、イオニアのイソノミアに関する「記憶喪失」に関しては鈍感である。同様のことが彼女の師であるハイデガーのギリシア理解についてもいえる。彼はソクラテス以後の哲学において存在者の「存在」が忘却された、という。だが、このような見方は、近代社会において人々の共同体的なあり方が忘却されたというロマン主義的な見方を越えるものではない。あえて「存在忘却」というのであれば、イオニアにあった本来的なイソノミアがアテネにおいて完全に忘却されたという事態こそを見るべきなのだ。

ハイデガーの見方は基本的に、ソクラテス以後の哲学が主知主義的となり本能的な直観や悲劇的感受性を失ったことを批判したニーチェの見方を受け継ぐものである。ニーチェは「ソクラテス以前の」思想家たちについて語ったが、彼らがいかに深くイオニア的なものとつながっているかを考えなかった。ニーチェがソクラテス以後のアテネに失われたと見たのは、イオニア的なものではなく、むしろアテネの戦士＝農民共同体の伝統であった。そのような見方は、彼と同時代のロマン主義的観点をギリシアに投射することにしかならない。

第二章　イオニア自然哲学の背景

1　自然哲学と倫理

イオニアの哲学に関しては、主としてプラトンやアリストテレスによる史料しか残っていない。ゆえに、それは彼らが創った哲学史的パースペクティブによってかたどられている。それによれば、イオニア学派が外的自然を探究したのに対して、ソクラテスがそれを社会における人間的行為の諸目的の研究へ転回させた。つまり、イオニアの思想家は自然について考えたが、倫理や自己の問題について考えなかった、というのである。しかし、そのような見方は曲解にすぎない。

倫理とは、個人がどう生きるかにかかわることである。だが、共同体に内属する状態では、真の意味での個人は存在しない。そこから出たときに初めて、ひとは個人となる。その時初めて、「自己」が見出され、また「倫理」が問われるのである。その意味で、倫理や自己の問題が問われたのは、先ずイオニアにおいてである。同時代のアテネでは、そのような問題は存在しなかった。なぜなら、そこでは、個人は氏族的段階以来の共同体から自立していなかったからである。

一方、さまざまな共同体から出てきた植民者からなるイオニアでは、最初から「個人」が存在した。イオニアのポリスは、そのような個人の「社会契約」によって成立した。ここでは、個人は伝統的な共同体からは自立していたが、自ら選んだポリスに対しては忠実であった。それはあくまで個人の意志によるので、そこに生まれたという運命によってではない。だからまた、そのポリスが不平等であるならば、人はそこを出たのである。イソノミアは、このようなポリスにおいてのみ可能な原理である。

アテネでは事情が違っていた。アテネのポリスもまた一種の契約によって成立したのだが、それは多数氏族間の「契約」ではあっても、個人間の社会契約ではなかった。個人は氏族共同体に内属していたからである。もちろん、アテネでも貨幣経済の浸透によって、個人あるいは個人主義が生じた。その時点でようやく、彼らはイオニアに生まれた、イソノミアや自然哲学を受け入れはじめたのである。だが、それは伝統的な共同体にとっては脅威であり、たえず攻撃の的となった。自然哲学はポリスの神々を否定するものであり、それはポリス(共同体)を否定するものと見えたからだ。たとえば、ペリクレスの親友であったアナクサゴラスは神に対する不敬虔のかどで追放の憂き目にあった。同じ理由でソクラテスが処刑されるかなり前のことである。

プラトンやアリストテレスはソクラテスの画期性を強調する。しかし、彼が画期的なのは、イオニア的思想と違った何かをもたらしたからではない。むしろ、彼がイオニア的思想を初めて受けとめ、実行に移したからである。ソクラテスはアテネで初めて「個人」として生きようとした人である。その意味で彼は、アテネ共同体から独立したコスモポリタンであった。しかし、同時に彼は、アテネというポリスの一員たることを、そこに生まれたという理由によってではなく、自発的に選んだ最初の人である。そのために、彼は処刑を免れることができたにもかかわらず、あえてアテネにとどまり死を選んだのである。

プラトンやアリストテレスはソクラテスを、彼が生まれた共同体のために殉じた人として見ていた。そして、外国人のソフィストと同一視されたソクラテスを、ソフィストから区別して擁護しようとした。だが、ソクラテスはいわばアテネの内部から出てきたソフィストなのであり、根本的にイオニア的な思想家の流れを汲む者であったというべきである。にもかかわらず、プラトンはイデア論をソクラテスの考えとして語り、『ソピステス』では、ソクラテスの名の下にイオニア的な唯物論者に対する自らの闘いを語り、それを神話における巨人族に対する神々の戦いになぞらえた。イオニア自然哲学との戦いが、プラトンの生涯の仕事であったといってよい。

しかし、ソクラテスはプラトンとは違っていた。ソクラテスの本領はプラトンよりもむしろ、ソクラテスの直弟子でキュニコス派を創始したアンティステネスやその弟子ディオゲネスのような個人主義的でコスモポリタンな思想家に継承されている。ディオゲネス・ラエルティオスの『ギリシア哲学者列伝』によると、アンティステネスはイデアを否定し、「プラトンよ、わたしは馬を見るが、馬なるもの(イデア)を見ない」といった。また、ディオゲネスはどこの国の人かと聞かれて、「わたしは世界市民《コスモポリテース》だ」と答えた。そこから推しはかると、ソクラテスはイデア論を否定するコスモポリタンだったと見るべきである。そして、それは彼がイオニア派に反するどころか、むしろその流れを汲む者だということを意味する。

イオニアの思想家たちはポリスの思想家であった。彼らはコスモポリタンであり普遍的な倫理を考えたが、同時に、自らが選んだポリスの中にそれを実現しようとしたのである。その意味で、彼らはポリス的＝政治的であった。したがって、イオニアの自然哲学者が「自然学」についてしか考えなかったかのようにいうのは的外れである。たとえば、アリストテレスは、タレスを〝自然学者〟physiologoi だといっている。しかし、それ以前に、タレスは技術者、数学者、政治家などとして多様な活動をした、賢者sophoi として広く知られていた。であれば、タレスの「知」を自然学に限定するのはおかしい。

タレスの年若い友人であるアナクシマンドロスに関しても同様である。彼は、万物の根源を水に見出したタレスに対して、それを「ト・アペイロン」(無限定なもの)に見出したことで知られている。しかし、アナクシマンドロスもまた、たんに自然学だけでなく、歴史的、文明史的なことがらにも関心をもっていた。彼はたとえば、ギリシア語アルフアベットの字母の起源について考察し、地理学についても考察した[1]。同じ時期、ミレトスに、ヘカタイオスのようにホメロス的物語を批判する歴史家・地理学者が出てきた。しかし、これも広義の〝自然哲学〟の中において見るべきなのである。

同じことが、イオニア自然哲学の最終的到達点——と目されるデモクリトスについてもいえる。私自身はそれをエピクロスに見出すのだが——と目されるデモクリトスについてもいえる。デモクリトスは多くの書物を書いたがほとんど残っておらず、自然学以外のことでは、つぎのような断片が残っているだけである[2]。

小宇宙《ミクロ・コスモス》としての人間(断片34)。恐怖の念からではなく、義務の思いから、人は罪を犯すことを避けるべきだ(41)。多くの人びとは、理法《ロゴス》の何たるかを学んだことはなくても、理法に従って生きている(53)。ペルシアの国を領するよりも、むしろひとつの原因を発見したい(118)。賢い人にとっては、大地はすべて通行可能なのだ。それというのも、この全世界が、善き魂の故郷にほかならぬからである(247)。民主制のもとでの貧困は、君主制のもとで幸福と呼ばれているものよりも価値あるものとされるべきである。それはちょうど、自由が奴隷状態よりも価値あるものとされるのと同じなのだ(251)。

ここに、アテネの哲学者にないような倫理性を見出すことは難しくない。アテネでは、個人はポリスに内属する存在であり、倫理もまたそこに見出される。それゆえ、デモクリトスにとって、個人は元来ポリスから独立する存在である。その意味で、各人は「小宇宙《ミクロ・コスモス》」なのである。それゆえ、デモクリトスにおける倫理は、ポリスにおけるそれではなく、いわばコスモポリスにおける倫理である。アテネの哲学者にとって、そのようなものは倫理ではありえない。彼らから見れば、デモクリトスのみならず、イオニアの思想家一般に倫理学が欠けている。したがって、それは「哲学」以前の自然学だと見なされるのである。

実際、イオニアの自然哲学者は、自然学以外に何も書いていないように見える。しかし、それは彼らが倫理や政治について考えていなかったことを意味しない。イオニアの思想家は、倫理あるいは人間についての認識を「自然学」の観点から語ったのである。それは、人間と世界を一貫して自然《フィシス》として見ることである。彼らはそのような普遍的視点を初めて提起したのだ。かかる態度こそを、私は「自然哲学」と呼びたい。私の考えでは、それはイオニアの政治(イソノミア)と切り離すことができないのである。

しかし、タレスやアナクシマンドロスなどの自然哲学に向かう前に、私はイオニア派の倫理学や政治学を典型的に示す(つまり、アテネからは絶対に出てこない)ものとして、二人の思想家をとりあげたい。医学者ヒポクラテスと歴史家ヘロドトスである。彼らは、イオニアの自然学が、ポリス共同体のそれとは異なる新たな「倫理」とともにあったことを端的に示している。彼らはいずれもイオニアの南方のポリスに育った。そこはイオニアがペルシアの支配下に入ったのちにも、その知的伝統が残ったところである。ロザリンド・トーマスは、ヘロドトスが医学、健康、治療に関する事柄に関心をもっており、ヒポクラテス的な医学の一部に詳しい知識をもっていたことを指摘し、そこに、彼らを育んだ東ギリシア(イオニア南部)の知的環境を見ようとする。

イオニアと東ギリシアの伝統(イオニア語で書いた者たちを同じ伝統の内にあると見なすことができるのなら)は、紀元前五世紀後半に栄えた。これは東エーゲ海沿岸に伝わった。前五世紀後半における東ギリシアの知的世界の活力は、『歴史』の活力の多くを説明するのに、またヘカタイオスの作品とヘロドトスのスタイルの違いはもちろんのこと、それらの著しい相違を説明するのにも役立つだろう。『歴史』の知的環境を探求するのであれば、いかに興味深いとはいえ、五〇年かそれ以上前の何人かのイオニアの著者たちを検討するだけではすまない。前五世紀後半の東ギリシアの知的世界には活気があった。『歴史』のもつ活力の多くがそのことに由来すると考えられるし、またヘカタイオスの作品とヘロドトスのスタイルにとどまらない著しい相違もそのことから来るとも考えられる。(3)

イオニアの没落後に、東ギリシアにおいて活発な知的活動があり、それがヘロドトスやヒポクラテスを生み出した、とトーマスはいう。それはイオニア的なものがイオニア南方の都市に残ったということである。では、ヘロドトス自身はなぜそのことを考慮しなかったのだろうか。彼がイオニア南方の都市(ハリカルナッソス)にいたとき、イオニアの諸都市はペルシアの支配下にあり、僭主政治が行われていた。そして、僭主らは、ヘロドトスがいた都市やヒポクラテスがいた都市(コス島)に侵攻しようとしていた。この時期イオニア人であることはもはや名誉あることではなかった。ゆえに、ヘロドトスはイオニア的伝統を称賛しなかったのである。にもかかわらず、彼やヒポクラテスがイオニア的精神を受け継いだということは疑いをいれない。したがって、私はこの二人をイオニア自然哲学の流れの中で考えたい。

2　ヒポクラテス

ヒポクラテス(前四六〇―三七七)は、それまでエジプトやメソポタミアで「神聖病」と呼ばれていた、つまり、神や悪霊のせいにされていた癲癇《てんかん》を、たんに自然的原因によるものだと考えた。これは、神々によって説明していた世界の生成を、神を抜いて自然《フィシス》によって説明しようとしたイオニア自然学の態度を受け継ぐものである。イオニア人は、タレスがそうしたように、エジプト、バビロニアなどから天文学や数学を導入したが、「占星術」は拒否した。ヒポクラテスが「神聖病」の観念を拒否したとき、そのような態度を受けついだのである。

神聖病と呼ばれている病気は実は次のようなものである。私の考えでは他の諸々の病気以上に神業によるのでもなく神聖であるのでもなく、自然的原因をもっているのである。ところが人々は経験不足であって、この病気が他の諸病とは似てもつかないものであるために、神業によると考えたのである。そして人々は一方ではその本性を知る道をもたないために、相変わらず神業となしながらも、他方では現にこれを治療する方法すなわち祓い清めや呪文が存在するために、神業ではないとしているのである……。

わたしの考えるところでは、この病気を神聖化した最初の人々は、今と同様に妖術師、祈禱師(祓師)、托鉢僧、野師等であるが、この者たちはいかにも神を崇め知恵もすぐれているかのように見せかける。……そうして無知の曝露をおそれ、この徴候を神聖と見なしたのである。(中略)しかしながら彼らの言うことは彼らの思っているように彼らの敬虔をではなく、かえって瀆神《とくしん》を示し、神々は存在しないと言

っているように思われる、そして彼らの敬虔と神業はかえって不敬神と不敬虔にほかならないと考えられる。(4)

ヒポクラテスは病気の原因として神をもってくることを拒んだ。しかし、これは神の否定ではない。たんに、呪術的な宗教(神観念)を否定することである。ヒポクラテスのこのような態度は、イオニア自然哲学に固有のものである。彼は癲癇をもっぱら脳の疾患として説明しようとしたが、その際、それを横隔膜から来るとする理論を批判して、つぎのようにいう。《横隔膜がこの理知力《フレネス》という名で呼ばれているのは、偶然としきたり《ノモス》とによるものであって、真実にも自然《フィシス》にもとづくものではない(5)》。自然哲学者にとって、神は〝フィシス〟の働きとしてのみ存在するのであり、医学とはそれを探究するものだ。一方、人々が表象する神々は、人が作った〝ノモス〟でしかない。

ところで、今日においてもヒポクラテスを医者の模範たらしめるものは、その医学理論ではなく、医療者としての倫理性である。彼は貧しい者を無料で治療した。「ヒポクラテスの誓い」には、「どんな家を訪れる時もそこの自由人と奴隷の相違を問わず、不正を犯すことなく、医術を行う」「医に関するか否かに関わらず、他人の生活についての秘密を遵守する」というモットーが掲げられている。

このような態度は、どこから来るのか。これはエジプトやメソポタミアはいうに及ばず、アテネからも絶対に来ない。イオニアでは技術《テクネー》への関心が高く、またそれが発展した。アテネにはそれはなかった。そこでは、「知への愛」(哲学)が尊ばれたが、それは、技術が奴隷ないし下層民の仕事として軽蔑されたからである。一方、ヒポクラテスはいう。《人間に対する愛があれば技術に対する愛もある》(6)。「人間に対する愛」はアテネにおける「知への愛」(哲学)とは違っている。アテネの哲学者には「技術に対する愛」が欠けている。しかし、それは彼らに「人間に対する愛」が欠けているからだ。

イオニアにおける「人間に対する愛」は、人間をノモスではなくフィシスを通して見る態度、つまり、人間を、ポリス、部族、氏族、身分のような区別を括弧に入れて見る態度と切り離せない。このような態度をもたらしたのがイソノミアなのである。イソノミア(無支配)は、諸個人がたんに参政権において対等であるということだけでなく、もっと根本的に、生産関係において支配—被支配関係がないことを意味する。したがって、賃労働や奴隷のようなシステムは認められない。それらはフィシスに反するのである。

ヒポクラテスのような態度が、奴隷制や外国人の蔑視と排除にもとづいたアテネのデモクラシーから出てくることはありえない。ゆえに、イオニアでは自然学があったが、倫理的な問いがなかったというような見方は、途轍もない的はずれである。その逆に、人間の探究、倫理的な問いが開始されたのはイオニアなのだ。イオニアの都市が没落したのちも、その流れは、いわば彼らの「ディアスポラ」を通して広がった。たとえば、前五、六世紀頃の医者アルクマイオンは、病気を体内の諸要素間のイソノミアの崩壊として説明した。これは、自然哲学が同時に社会哲学であるということを示す一例である。

アルクマイオンによると、もろもろの力、すなわち湿ったもの、乾いたもの、冷たいもの、熱いもの、辛いもの、甘いもの、その他のものの「均衡」〔イソノミア *ἰσονομία*〕は、健康を維持するものであるが、これらのものの間での「独裁」は、病気をつくりだすものである。なぜなら、一方のものの独裁は破滅をもたらすからである。(7)

アテネでソフィストと呼ばれた者たちも、その多くがイオニア自然哲学の流れを汲む者であった。彼らは、文化つまりノモスによって異なるような法的正義を疑いつつ、その根底にあるフィシスとしての正義（自然法）を問うたのである。このような自然法にもとづいて、前四世紀のソフィスト、アルキダマスは「神は万人を自由の身とした。されば、自然は何人をも奴隷にしたことはない」（『メッセニア人を讃える演説』）と述べた。また、アンティフォンは、ギリシア人と野蛮人の間に、「自然の」区別があるという考えを否定した。そのような区別はノモス（制度）によるものでしかない、と（『真理について』）。

アリストテレスは「自然法」に関するソフィストの議論をよく知っていたはずである。

そもそも、アルキダマスの言葉が今も残っているのはアリストテレスが引用したからなのだ。また、ソクラテスの直弟子アンティステネスは、自由人と奴隷との間の区別や男女差別はノモスにもとづくものでしかない、ゆえにフィシスに従ってそれをやめるべきだと主張した。おそらく、このような考えはソクラテス自身から来たのであり、そのことをプラトンやアリストテレスも知っていたはずである。にもかかわらず、アリストテレスはつぎのように結論する。《以上論ずるところから、自然《フィシス》によって或る人々は自由人であり、或る人々は奴隷であるということ、そして後者にとっては奴隷であることが有益なことでもあり、正しいことでもあるということは明らかである(8)》。これと似たような考えを、プラトンも抱いていた(『国家』)。このようなものがすぐれてアテネ的な哲学者の「倫理学」なのである。

3　ヘロドトス

ヒポクラテスは今日にいたるまで医療者の倫理的規範となってきた。一方、ヘロドトスの歴史学が評価されるようになったのは、比較的近年のことである。古来、ヘロドトスの『歴史』はアテネの歴史家トゥキュディデスに比べて評価が低かった。トゥキュディデス自身がヘロドトスに批判的であった(9)。ヘロドトスの『歴史』には、神話や伝承が数多くふくまれており、客観的な記述ではないと考えられたからだ。そのため、ヘロドトスは「嘘つき」だといわれてきた。しかし、現在では、『歴史』は、学際的な方法で歴史の研究を進める際に手がかりとすべき材料の宝庫として注目されている。

『歴史』は、ペルシア戦争という歴史を扱っている。だが、実際には、戦争の記述が始まるまでに、ペルシア、エジプト、その他数多くの民族についての考察が延々と続く。それは気候、生物から諸制度、慣習にいたるまでの調査と分析からなっている。当然その中には、各民族の神話や伝承もふくまれる。その意味で、『歴史』はhistories(多数の物語)なのである。一般に、歴史は出来事を扱うものだと考えられる。その場合、出来事とは変化を顕著に示すような事象を指す。しかし、短期的には変化がないようにみえるが、数百年、数千年、あるいは数万年の尺度で見たときに、初めてその変化が顕著に見えてくるような事象がある。通常、それらは出来事とはみなされない。しかし、ヘロドトスが戦争という出来事と同時に語ろうとしたのは、そのような出来事なのである。

古来、歴史は国家の興亡や政治的出来事を中心にしてきた。それは出来事を、短期的にその変化が目立つようなレベルにおいて見ることである。トゥキュディデスは、ペロポネソス戦争をそのような観点から見た。このような歴史記述は、ギリシアにかぎらず中国でも同じである。このような歴史観を疑うようになったのは、マルクスおよび彼以後の歴史家である。マルクスは、生産様式の変化のように長期的な視点をとることで見えてくる「出来事」に注目し、さらに、アナール派は、より長期的な時間の尺度をとることによって見えてくる「出来事」を扱うようになった。ここからふりかえると、ヘロドトスの『歴史』において、出来事がさまざまな時間の位相においてとらえられていることがわかる。

ヘロドトスの『歴史』が今日においても範例的である所以は、それだけではない。何よりも、そこに自民族中心主義がないということである。現代の歴史学や人類学において自民族中心主義あるいは西洋中心主義が払拭されるようになったのは、例外的な先行者をのぞいて、せいぜい一九七〇年代以後である。

自民族中心主義は古来どこにでもあった。たとえば、ギリシア人はギリシア語を話さない者はバルバロイ(野蛮人)と呼んだが、これは特別なケースではない。中国では異民族を野蛮人と呼ぶだけではなく、それを方角によって呼び分けた。すなわち、〝東夷《とうい》南蛮《なん》西戎北狄《ばんせいじゅうほくてき》〟である。その場合、日本人は東夷と見なされる。しかし、その日本人は、列島の北方にいた異質な習俗の人々を東夷と呼んだのである。

ヘロドトスはこの種の自民族中心主義をつぎのように笑った。《エジプト人は自分と言語を同じくせぬ者はすべてこれを異国人《バルバロス》と称するのである》(10)。彼はまた、つぎのようにも述べている。《ディオニュソスのみならず、ほとんどすべての神の名はエジプトからギリシアへ入ったものである。ギリシアの神々がギリシア外の国から招来されたものであることは、私が自ら調査して確かめたことである。それも大部分はエジプトからの伝来であると私は考えている[11]》。むろん、当時のギリシア人はそのように考えていなかった。したがって、このような発言がアテネではすこぶる危険であったことはまちがいない。

それなら、ヘロドトスはなぜ自民族中心主義、つまりギリシア中心主義を免れていたのだろうか。これは彼の個人的な特性ではなく、イオニア的な環境から来るものだ。たとえば、アリストテレスはつぎのように書いている。

寒い地方にいる民族、特にヨーロッパの民族は気概には富んでいるが、思慮と技術とにやや欠けるところがある、それゆえ比較的に自由を保ちつづけているが、国的組織をもたず、隣人たちを支配することが出来ない。しかるにアジアの民族はその魂が思慮的でまた技術的ではあるが、気概がない、それゆえ絶えず支配され、隷属している。しかしギリシア人の民族はその住む場所が中間を占めているように、その両者に与かっている、というのは実際気概があり思慮があるからである。それゆえ自由を保ちつづけ、非常に優れた国的組織をもちつづけている。そうしてこの種族はもし一つの国制を定め〔て統一を成し遂げ〕たなら、他の凡ての民族を支配することが出来るだろう[12]。

ここでは「ヨーロッパの民族」とは遊牧民社会であり、「アジアの民族」はペルシアやエジプトのような専制国家である。その中間にあるギリシア人はそれら二者を越えるものであり、したがってまた、それらを支配することができる。これはギリシア中心主義、というよりアテネ中心主義の見方の典型である。小アジアに位置するイオニアでは、右のような見方は成り立たなかった。彼らはいわば、ギリシアであるとともにアジアでもあり、また、そのどちらでもなかった。イオニアの自然哲学者はそれぞれのポリスに所属したが、本質的にコスモポリスに生きていたのだ。イオニア諸都市が没落したのち、その南方の都市に育ったヘロドトスは、すでにアテネの全盛時代であったにもかかわらず、イオニア的な思考を受け継いだのである。

ヘロドトスの先駆者として、ミレトスのヘカタイオスがあげられる。彼はホメロス的な歴史を批判し、神話と歴史的事実を区別して、散文による歴史を書こうとした。ヘロドトスの仕事がその延長であることは明らかである。しかし、彼が受け継いだイオニア的な伝統を、狭義の歴史、つまり政治的出来事の歴史に限定してはならない。先に述べたように、アナクシマンドロスをはじめとする自然哲学者は、自然探究をしただけではなく、生物および人間社会の歴史総体を自然史として一貫的にとらえようとした。その一環として地理学があった。ヘカタイオスが書いた『世界記述』は、地理学を踏まえた歴史書である。ヘロドトスが受け継いだのは、出来事を根本的に自然史から見るという自然哲学の態度なのである。

ヘロドトスの『歴史』は、自然《フィシス》をベースにしてノモスを見る立場から書かれている。彼はある出来事がノモスによるのか、フィシスによるのか、あるいはそれらの結合なのか、を絶えず「吟味《エレンコス》」したのである。それはノモス(文化・制度)を歴史的・相対的なものと見なし、その中に普遍的なものを探ろうとすることだ。ヘロドトスはそのようにして、各地の慣習を調査し分析したのである。そのとき彼は、ロザリンド・トーマスが指摘したように、ヒポクラテスが「空気、水、場所について」(『古い医術について』)で提示したような、自然環境がいかにして人間を規定するかという視点を、基本的に受け入れている。

最後に、ギリシア中心主義に対するヘロドトスの反撥を示す、もう一つの例をあげておこう。彼はペルシア人の支配層の間でつぎのような論争があったことを紹介している。ペルシアの七長老の一人オタネスはデモクラシーを採用することを主張した。《独裁者というものは父祖伝来の風習を破壊し、女を犯し、裁きを経ずして人命を奪うことだ。それに対して大衆による統治は先ず第一に、イソノミアという世にも美わしい名目を具えており、第二には独裁者の行なうようなことは一切行なわぬということがある。職務の管掌は抽籤により、役人は責任をもって職務に当り、あらゆる国策は公論によって決せられる。されば私としては、独裁制を断念して大衆の主権を確立すべしとの意見をここに提出する。万事は多数者にかかっているからだ(13)》。それに対して、メガビュゾスが寡頭政治を提唱し、さらに、ダレイオスが、独裁制が最善であると主張する。最終的に、ダレイオスの意見が支持され、その結果、ダレイオスが王(アケメネス王朝ダレイオス一世)となった。

政体に関するこのような議論は、アテネが凋落した時期にアリストテレスが書いた『政治学』の考察を先取るものである。だが、実際にこのような討議がペルシア人の間でなされたのだろうか。ヘロドトス自身がこう記している。《オタネスがペルシアの七長老を前にして、ペルシアは民主制を採用すべきであるという意見を述べたという話を信じようとしないギリシア人にとっては、世にも不可思議なこととしか思えぬようなことが起ったので、それをここにお話ししよう。つまりこの時マルドニオスは、イオニアの独裁者をことごとく排除して、各都市に民主制を敷かせたのである(14)》。説明を加えると、ペルシア人マルドニオスが、僭主政の下にあったイオニアの各都市で独裁者を排除して民主制を敷いた、というのである。ヘロドトスがこのようなことを書いたのは、いうまでもなく、ギリシアは民主的でペルシアは専制的という、当時アテネにおいて存在し現在にいたるまで連綿と続いている、固定観念を揺さぶるためであった。

4　ホメロス

イオニアの自然哲学が宗教批判として始まったことは明らかである。それは神を抜きにして世界を説明しようとするものであるから。しかし、このような態度は前六世紀半ばに急に始まったのではない。それは前七世紀、ミレトスを中心にした商工業の発展、海外植民の活発化によって育まれたものである。さらに、それに先だって、イオニアに独自の文化的発展があった。ホメロス(前七五〇年頃)やヘシオドス(前七〇〇年頃)の詩作である。これらはイオニア方言で表現され、イオニアで発達した文字に記されることで、やがてギリシア全土に広がり人々に共有される教養的基盤となったのである。

ホメロスやヘシオドスの作品は創作というよりも、その前から伝承されたギリシア神話にもとづいていたと見るべきである。が、彼らが参照したはずの資料は残っていない。彼ら以後のギリシア人は、むしろホメロスやヘシオドスを通して神話を学んだようである。その意味で、ギリシアの神話や歴史は、彼らによって創られたといってもよい。別の観点からいえば、そこには、イオニア以前の世界ではなく、イオニア的な社会の経験が投影されている。

先ずオリンポスの神々に関して注意すべきことは、それがすでに氏族社会的な宗教とは違っているということである。オリンポスの神々は、氏族的伝統をもたないポリス成員の連帯にとって必要であった。このような神々は、氏族神の延長ではありえない。ヘロドトスが推定したように、オリンポスの神々はアジアから導入されたのであろう。とはいえ、そのような神々はアジアには残らなかった。アジアでは、帝国の形成とともに、神々も変容していた。世界帝国に対応した「世界神」となったのである。メソポタミアやエジプトには、一神教や世界を創造する神という観念が生まれた。創造神は、ウェーバーが指摘したように、自然界を根本的に作りかえるような大規模な灌漑農業に由来する。天水農業にもとづき、またポリスが乱立したギリシアにおいて、そのような神観念はなじまない。しかし、オリンポスの神々は受け入れやすかったはずである。ギリシアのポリスは、それぞれ、これまでの氏神のかわりにオリンポスの神々を奉じた。

オリンポスの神々は、ポリス間の連帯にとっても不可欠であった。そのことを端的に示すのは、至上神ゼウスを奉るオリンピア祭典である。だが、土着的でないオリンポスの神々には、個々のポリスの内部、あるいは個人に深く根ざすことができないという弱点があった。オリンポスの神々は、もともと氏族共同体的な基盤から遊離していた。そのため、神々はいったん否定的に見られると、天上に消えてしまうほかなかったのである。それは一挙にではなく、徐々に起こったのであるが。

神々の消滅の始まりは、ホメロスの叙事詩に見出される。ここでは、擬人化された神々がたえず活動している。しかし、神々の擬人化こそ、その消滅への第一歩なのである。このような神観念はプリミティブに見えるけれども、そうではない。プリミティブな観念では、神は、人格的なものとしてではなく、超自然的で不分明な力としてあるが、神々が擬人化されるとき、本来超自然的であるものが自然的な次元に置かれることになる。その場合、神々は人間を越えているが、人間と同じく自然的な次元に属している。神々は人間と同じ情念や欲望に動かされ互いに争う。ゼウスは至上神として仰がれているが、他の神々を抑えるほどの力はない。したがって、神々が登場するといっても、ここには神々への尊崇はほとんどない。神々は横暴、気まぐれ、無責任な人間の支配者たちと同じである。

『イーリアス』では、トロイア戦争はこのような神々の争いから起こり、その戦争の趨勢、一進一退もことごとく神々の争いから生まれているようにみえる。だが、神々がすべてを決めるのではない。たとえば、アキレウスとヘクトールの対決は、神々がそれぞれを応援しても決着がつかない。天上でゼウスは両者の運命を黄金の秤にかける。それによってヘクトールの死が定められる。つまり、人間の「定め」に関して神々は介入できないのである。『オデュッセイア』の冒頭で、ゼウスはつぎのようにいう。《人間どもが神々に罪を着せるとは、なんたる不埒《ふらち》な心掛けであろう。禍《わざわ》いはわれらのせいで起るなどと申しておるが、実は自らが己れの非道な振舞いによって、定まれる運命を超えて(受けずともよい)苦難を招いておるのだ[15]》。

ホメロスがここに見出すのは、人間がその意識を越えた何かに左右されているということだけではなく、それについては神々もまた同じだということである。人間は争う。だが、神々もまた争うのだ。では、何が人間と神をそうさせているのか。一言でいえば、それは敵対的な互酬性である。それはとめどなく増幅される血讐《ヴェンデッタ》の連鎖となる。オリンポスの神々は、これを抑えることができない。彼ら自身がそれによって動かされているからだ。『イーリアス』でも『オデュッセイア』でも、主題はこの抑えがたい互酬の原理にあり、さらに、最終的にそれを乗り越えることにある。ホメロスが問うのは、神であろうと人間であろうと、それらを動かす本性(フィシス)が何かということだ。このような問いを突き進めたところに、イオニアの自然哲学がある。

これらの叙事詩がホメロスという一人の作者によって書かれたという見方は早くから疑われてきた。現在では、前八世紀半ばにホメロスという人物がいて、それまで吟誦詩人の集団によって保存されてきた英雄時代の記憶にもとづき、現存の詩に近いものを作り上げた、という見方が一般に承認されている。しかし、ホメロス叙事詩に関して重要なのは、誰によって書かれたかという以上に、誰に対して書かれたかである。むろん、それは先ず同時代のイオニアの市民に向けて書かれたのである。そこから見ないと、ホメロス叙事詩を理解することはできない。

また、歴史研究の進展とともに、ここに描かれている「英雄時代」、つまり共同体の貴族層が評議会を構成し、王や貴族を含む共同体の一般成員が民会を構成しているような社会がトロイア戦争の時代に存在していたという従来の考えは疑問視されるようになった。歴史的に見れば、トロイア戦争があった時代は、ミケーネ国家の末期(前一二〇〇年頃)にあたる。そこでは、すでに、青銅器文明の高度な発達を背景にし、家産官僚制をもつアジア的な国家が成立していた。したがって、この時期にはすでに、ホメロスが描く「英雄時代」はなかったのである。ホメロスが描く「英雄時代」は、実際にはミケーネ国家が崩壊したのちの「暗黒時代」、つまりギリシア各地に都市国家(王制ないし貴族制)が簇生し、それらの抗争が続いていたときだった。ホメロスやその読者が見聞していたのは、そのような状態である。

実際、ホメロス叙事詩は、英雄たちの戦争を描いた武勲詩であるにもかかわらず、それに対する否定に充ち満ちている。たとえば、『イーリアス』全編に存するのは、女たちの戦争に対する悲嘆と怨嗟の声である。ここには、彼が生きていた時代のギリシア諸都市の社会的現実――ギリシア本土の戦いの絶えない苛酷な状態――が投影されているとも考えられるだろう。

ホメロス叙事詩は、戦士あるいは貴族階級の「英雄」称賛のイデオロギーとは無縁である。それは氏族やポリスの間での際限ない抗争に対する批判である。『イーリアス』

の最後で、アキレウスはヘクトールを殺したあと、それ以上の報復を断念する。また、『オデュッセイア』ではもはや英雄は描かれていない。オデュッセウスは一介の外国人として放浪し乞食として帰還する。そして、彼は不在の間、家族を苦しめた敵に報復しはするが、報復を敵の親族にまで増幅することを断念する。いずれの作品も復讐の連鎖を断念することで終わっている。

交換様式の観点から見れば、私闘や報復は敵対的な互酬性(交換様式A)のあらわれである。それは多数部族の盟約によって形成される都市国家では抑制される。しかし、支配層の間では私闘が消滅しないし、他の都市国家との間でもとめどなく抗争が続く。その意味で、敵対的な互酬性が存続する。それが終息するのは、多数の都市国家の抗争を経てそれらを統合した専制国家においてである。つまり、暴力の互酬性(A)は、支配者と被支配者との「社会契約」、すなわち、交換様式Bによって克服される。

専制国家(家産官僚国家)は、互酬的な人間関係に依拠しない官僚と常備軍の体制を築いた。そこでは「法による支配」があらわれる。それは、支配者(王)が発した法に自ら従うことによって成就される。このような法の支配は、敵対的な互酬性を一掃するものである。(16) たとえば、ハムラビ法典には「目には目を」という有名な条項がある。これは報復の勧めではなく、逆に、報復の増幅を禁止することを意味するのである。

すでに述べたように、ギリシアにおいても、ミケーネ国家は家産官僚国家であった。

それが崩壊したのちの「暗黒時代」に、部族ないし都市国家間の抗争が続いたのである。しかし、このとき、ギリシア人は専制国家を再建する道をたどらなかった。では、彼らは専制国家を斥けながら、いかにして敵対的互酬性を揚棄しえたのか。その秘密はイオニアの植民都市にある。そこでは、氏族やポリスから出てきた植民者の間に、同等の者同士の社会契約が生まれた。ホメロスとその読者は、そのようなポリスの原理が成立しつつあったところに生きていたといえる。関曠野は、『イーリアス』でアキレウスが報復を断念することについて、つぎのように述べている。

一体何がこの暴力の悪循環的な増殖を断ち切るのか。ホメロスの答えはすでに示唆されている――女神テティスが息子アキレウスに、彼の戦列復帰を嘆きつつ与えた新しい楯、その描写において。その楯の面には平和の美と豊饒と戦争の禍いが鋭い対照をなして浮き彫りにされ、平和な世界の中心には、広場で裁判を開く市民たちの姿がある。この裁きを行なう市民集会こそ、トロイアからの撤収を主張する反戦兵士テルシテスがオデュッセウスの笏で打ちすえられたアカイア軍の集会とは正反対の制度なのだ。弁論と討論によってなされる判決は、あのゼウスの黄金の秤のでたらめな決定をも無用とする。盲目的で事態を悪化させるだけの暴力による決定に対して、ここでは語りの活ける力が登場し、友愛と平和へ人々を導く。(17)

ここで注意したいのは、ホメロスの生きた前八世紀に「広場で裁判を開く市民たちの姿」が見られたのは、ギリシア全体ではなく、ホメロスとその読者がいたイオニアの都市においてのみだ、ということである。ここでは、「法」は、王あるいは神から与えられるものではない。市民の間での同意において成り立つものだ。ゆえに、討論や共同の吟味が要請される。ホメロスは、すでにイオニアに芽生えていたイソノミアを前提としていた、ないしは来たりつつあるイソノミアを予感していたのである。

以上から明らかなのは、ホメロスにおける神々の擬人化が神話的なものとは無縁であり、人間を動かすメカニズムをあらわしているということ、そして、そのようなメカニズムを克服する鍵が広場における裁判や評議会に見出されているということである。その意味で、ホメロスはイオニアの宗教批判と自然哲学を先駆けるものだといってよい。

5　ヘシオドス

つぎに、ヘシオドスは先行するホメロスの作品を意識して書いた詩人・思想家である。彼は『神統記』において、神話的な世界生成をつぎのように整理した。最初にカオス(空虚)がある。それからガイア(大地)、タルタロス、エロスなどが生まれる。ガイアからウラノス(天空)、ポントス(海)などが生まれる。これらは自然の神格化であって、人間の神格化ではない。最初に見られる人間の神格化は、ガイアとウラノスの交わりから生まれた子供たちであり、タイタン神族と呼ばれる。ウラノスに裏切られたガイアは末子のクロノスとともに報復しようとする。クロノスは姉のレアと結婚するが、自分の子供たちを恐れて、生まれるとすぐに呑み込んでしまう。末の子ゼウスだけが父に殺されるのを免れた。ゼウスは成長すると、父に呑み込まれた兄姉たち(ヘラ、デメテル、ハデス、ポセイドンなど)を救い出し、兄姉とともにオリンポス山に住んだ。以来、かれらはオリンポス神族と呼ばれるようになった。ゼウスらとタイタン神族との戦いは続いたが、最後にはゼウスが勝ち、父クロノスに代わって、神々の王となった。ゼウス三兄弟はくじ引きを行い、その結果に従って、ゼウスが天空を、ポセイドンが海を、ハデスが冥界を統治することになる。

このような神話はアジア全域にある。それは一般に、都市国家間の抗争から専制国家が形成される過程を反映するものである。そこでは、覇権を握った神は超越的となる。しかし、ヘシオドスが整理したギリシアの神話は、つぎの点で、専制国家が成立した地域のものとは異なっている。確かに、ここでも、ゼウス神が覇権を握っていく。この過程は、多数のポリスが抗争した「暗黒時代」から新たな秩序が形成されてきたことを反映している。が、その秩序は専制国家ではなく、多数ポリスの間の連邦であった。ゼウスが至上神となったことは、それを示すものなのだ。それは何よりも、ゼウス神を奉るオリンピア競技会の開催(前七七六年)に象徴される。

しかし、ギリシアでは、超越的な神の観念は生まれなかった。メソポタミアやエジプトでは、世界を創造する神の観念があった。その背後に、先に述べたように、自然界を根本的に作りかえるような大規模な灌漑農業、そして、専制国家があった。しかるに、天水農業にもとづくギリシアでは、そのような神観念はなじまなかったのである。ゼウスは、人間や他の神々に対して超越的であるが、自然あるいはそれが神格化されたものに対しては従属的であった。

たとえば、ゼウスはエロスと時間《クロノス》に支配されている。また、ガイア(大地)が最も根本的なものとして上位に置かれる。つまり、人間の神格化であるゼウスは自然の神格化である神々の下にある。こうしてヘシオドスは、人間に由来する神々を自然の諸力の下においたのである。のちに自然哲学者はヘシオドスが述べた神々を斥けたが、彼の見方の枠組を受け継いでいる。

このような自然史的生成のあとに、人間社会の生成が語られる。その説明は神話にもとづいているが、実際には、人間の社会の歴史を火(技術)や労働という観点から見るものである。先ず、それはプロメテウスが火を盗んで人間に与えたことから始まる。ゼウスはそれに対する懲罰として人間にパンドラという名の女性を与えた。《それまでは地上に住む人間の種族は、あらゆる煩いを免れ、苦しい労働もなく、人間に死をもたらす病苦も知らず暮しておった。ところが女〔パンドラ〕はその手で甕の大蓋をあけて、甕の中身をまき散らし、人間にさまざまな苦難を招いてしまった。そこにはひとりエルピス（希望）のみが、堅牢無比の住居の中、甕の縁の下側に残って、外には飛び出なかった》。(18)

そこから過酷な「労働」の日々が始まる。だが、「希望」が残っている。このような楽園喪失と楽園回帰という見方は特別なものではなく、むしろメソポタミアではありふれていた。ヘブライの神話もそれにもとづいている。しかし、ヘシオドスの考えが注目に値するのは、それを歴史的な発展段階として見ようとしたことである。神話的に語られているとはいえ、事実上、技術が土台に置かれている。それは人間と自然との関係を基底において歴史を見ることである。

彼の考えでは、かつて黄金の（種族の）時代があり、つぎに、銀の時代、青銅の時代、英雄時代が続き、現在は忌まわしい「鉄の時代」である。ここで「金」や「銀」は象徴的な意味であるが、「青銅」や「鉄」は文字通り、青銅器や鉄器による文明段階を意味している。英雄時代はトロイア戦争などの時代を指す。最後の「鉄の時代」は、鉄の武器によって強大な国家が形成された時代を意味する。それがヘシオドスのいた時代である。そこでは専制的な貢納制国家が出現している。

「鉄の時代」すなわち現在はひどい状態であるが、まだ「希望」がある、とヘシオドスは考える。《昼も夜も労役と苦悩に苛まれ、そのやむときはないであろうし、神々は過酷な心労の種を与えられるであろう、さまざまな禍に混ざって、なにがしかの善きこともあるではあろうが》。そして、彼はつぎのように説く。《「正義《ディケー》」の声に耳を傾け、暴力は一切忘れ去れ[19]》。そして、「神ゼウスの正義を信じ労働に励まねばならぬ」と彼はいう。《人間は労働によって家畜もふえ、裕福にもなる、また働くことでいっそう神々に愛されもする。……労働は決して恥ではない、働かぬことこそ恥なのだ[20]》。

ヘシオドスは「希望」を彼岸にではなく、現世で勤勉に労働することに見出した。だが、こんな考えは、戦士が支配的であるような社会や、労働が奴隷や農奴に任されているような社会では決して出てこないだろう。これはイオニア地方の植民者の考え方である。ウェーバーの言葉をもじっていえば、それは独立自営農民のエートス(労働倫理)を示すものだ。イオニアの人々はまさにそのようなエートスをもっていたのである。

タレスなどの自然哲学者が出てくるのはずっとあとであるが、イオニアにはそれを可能にする土壌が前八世紀からあった。イオニア人はアテネ人とは対照的に技術を重視した。ジョージ・トムソンはいう。《ペルシア戦争に先立つ二世紀のあいだに、羊毛鋏、手引き臼、ぶどう酒しぼり機、起重機などが用いられ始めた。その後は、ヘレニズム時代まで、なんの発明も記録されていない。だから、商業ばかりでなく工業の進歩においても、五世紀が転換であった。この進歩の運動を停止せしめたのはなんであろうか。その答はこの世紀が「奴隷制が真に生産を掌握した」世紀であったということにある》[21]。

しかし、トムソンがいうのとは逆に、アテネ人は労働(手仕事)を軽蔑するからこそ、奴隷制に向かったのである。手仕事への軽蔑はむろんアテネに限らない。先にヘロドトスを引用して述べたように、遊牧民や戦士的な人々は手仕事を軽蔑する。また、家産官僚国家や奴隷制社会では当然、労働は軽視される。ゆえに、古代において労働を肯定し技術を高く評価するような社会は稀有なのだ。たぶん、イオニア以外にはない。もしウエーバーのように、近代資本主義を支えた労働倫理を宗教改革に見出すなら、イオニアにおける商工業の発展の陰に一種の「宗教改革」を見るべきである[22]。

ヘシオドスが示すように、イオニア人は労働を積極的に肯定した。その意味で、彼らは〝実践的〟(非観想的)であった。アリストテレスは学問が発達するためには閑暇が必要であるという。《すでにこうした諸技術がすべてひと通り備わったとき、ここに、快楽を目指してのでもないがしかし生活の必要のためのでもないところの認識(すなわち諸学)が見いだされた、しかも最も早くそうした暇のある生活を送り始めた人々の地方において最初に。だから、エジプトあたりに最初に数学的諸技術がおこったのである。というのは、そこではその祭司階級のあいだに暇な生活をする余裕が恵まれていたからである》[23]。アリストテレスの考えでは、〝観想的〟であることが優れたものなのであり、それを可能にするのが閑暇なのだ。

しかし、イオニアの人々は閑暇を得ても、けっして〝観想的〟とはならなかった。観想としての諸学問は、アジアでは神官・祭司によって発達したのである。メソポタミアやエジプトでは専制国家とともに超越的な神の観念が確立されていた。そして、それを担う神官が同時に天文学や数学などの自然学にたずさわっていた。ところが、イオニアでは専制的支配や官僚制がなかったのと同様に、超越的な神の観念がなかった。神官・祭司がいても、権力も権威ももたなかった。イソノミアの社会では超越的な地位が認められないからだ。

イオニアでは、特別に閑暇をもつような人々(祭司や貴族)は存在しなかった。タレスにしても、技術者から政治家におよぶ多種多様な仕事をやっていた。彼らの認識はつねに〝実践的〟であった。たとえば、イオニア人はアジアから天文学を受け入れても占星術を受け入れず、また、神々を受け入れても超越的な神の観念を受け入れなかったのである。このような精神的風土が自然哲学に先立って存在したのだ。

ここであらためて強調しておきたいのは、イオニアのポリスとギリシア本土のポリスの差異である。ギリシアのポリスは盟約共同体であり、それは旧来の氏族神にかわって新たな神を奉じるというかたちで形成された。それがオリンポスの神々である。たとえば、イオニアではアポロン神が、アテネではアテナ神が守護神であった。しかし、両者の違いは神々ではなく、神々や祭司に対する態度にある。植民者からなるイオニアのポリスでは、神々は、旧来の氏族共同体から離れた諸個人の社会契約を、儀礼的に象徴化するものでしかなかった。ゆえに、神官・祭司は特別の権威をもたなかった。それに対して、ギリシア本土のポリスでは、神々や祭司は旧来の氏族社会のそれの延長としてあった。したがって、たとえば、デルフォイの神官が権威をもっていた。その意味で、アテネの「哲学者」は、イオニアの思想家に比べて、はるかに祭司・神官の特性を受けついでいるといえる。

それに対して、イオニアの思想家は、すでにヘシオドスの時期に、狭い共同体を超える視点をもっていた。たとえば、ヘシオドスは「正義」を一国に限定することなく考えていた。

> 異国の者にも同国の者にも、分けへだてなく、正しい裁きを下し、正義の道を踏み外さぬ者たちの国は栄え、その国の民も花開くごとくさきわうものじゃ。国土には若者を育てる「平和《エイレーネー》」の気が満ち、遥かにみはるかすゼウスも、この国には、苦難に満ちた戦争を起させようとは決してなさらぬ。正しい裁きの行なわれる国では、「飢え《リーモス》」も「災禍《アーテー》」もつきまとわず、人々は宴《うたげ》を催し、おのれの丹精した田畑の稔りに舌鼓《したつづみ》を打つ。(24)

ポリスにおける正義は普遍的な正義でなければならない。つまり、ポリスを成り立たせる原理はコスモポリスに妥当する原理である。したがって、正義の国は諸国家の「永遠平和」(カント)において実現される。このような見方はまさにイオニア的なものである。一見すると、自然哲学者はヘシオドスの神話を否定することから始めたように見える。しかし、自然哲学の核心部分はすでにヘシオドスの中に存在したのである。

第三章　イオニア自然哲学の特質

1　宗教批判

タレスをはじめとする自然哲学者は、神々に依拠することなく世界を説明しようとした。それは必ずしも神を否定するものではない。が、少なくとも、これまでの擬人化されたオリンポスの神々を片づけるものであった。しかし、このような態度は、紀元前六世紀半ばのイオニアに突然あらわれたわけではない。ある意味で、それはヘシオドスの時代に始まっていた。すでに述べたように、ヘシオドスの『神統記』には、イオニア的な特徴があらわれている。つまり、それは一面において神話的であるが、他面において合理主義(理神論)的なのである。だが、自然哲学には、ヘシオドスとは決定的に異なる面がある。

一般に、自然哲学について、商工業が発達したイオニア諸都市では、人々は神話や呪術的宗教に頼らず合理的に考えるようになったという説明がなされてきた。しかし、もしそうなら、イオニアが最も栄えた前七世紀でも、自然哲学のようなものがありえたはずである。ところが、先に述べたように、自然哲学が出てきたのは、イオニアの諸都市が崩壊するころである。自然哲学は、イオニアの社会的危機において出現したのだ。

この危機は、通常、隣国のリディアやペルシアからの侵略に見出される。事実、イオニア諸都市は先ずリディアに征服され、それに従属する僭主の支配下におかれた。しかし、その原因はたんに外的なものではない。それに先だって、内在的な危機があったといわねばならない。たとえば、タレスは外からの脅威に備えてイオニアの諸都市の連合を組織しようとしたが、同意を得られず挫折した。つまり、危機はむしろ内部にあったのだ。イオニアの各ポリスにおいて、貧富の差が生じ、支配―被支配の関係が生まれてきた。それはイソノミアが壊れてきたことを示すものである。それとともに、ポリスは社会契約的集団であるよりも、氏族的・神話的な共同体であることが強調されるようになった。

タレスをはじめとするミレトスの自然哲学者が神々なしに世界を説明しようとしたのは、そのような傾向に対抗するためであった。彼らは、ポリスが神々や氏族的伝統によってではなく、社会契約によってあるということを再確認しようとした。それは支配―被支配関係のないような社会を築くこと、つまり、イソノミアを再建する企てとつながっている。「自然哲学」はその意味で、根本的に「社会哲学」である。

それ以前のイオニア人は、自分たちが実行していることがいかなる意味をもつかを考えたことがなかった。人々があるものの意味に気づくのは、決まってそれが消滅しようとするときである。それは前六世紀半ばであった。イオニアの各地では、イソノミアの解体とともに、民主主義的な改革がはじまり、その多くが僭主政に帰着したのである。たとえば、サモス島では、前五三八年にポリュクラテスが僭主となった。この人物は、友人のピタゴラスとともに政治改革を企てたのだが、その過程で次第に独裁者となったのである。しかし、それは改革すべき社会的現実があったからであり、民衆もまた僭主を支持したのだ。そして、このような状態はサモス島だけでなく、イオニア全域にあったと見なければならない。自然哲学者が始原物質《アルケー》への問いを始めたのは、このような状況においてである。

タレスの年若い友人であったアナクシマンドロスは、こう書いた。《存在する諸事物にとってそれから生成がなされる源、その当のものへと、消滅もまた必然に従ってなされる。なぜなら、それらの諸事物は、交互に時の定めに従って、不正に対する罰を受け、償いをするからである(1)》。自然に関して、罰や償いという意味づけがなされているのは奇妙に聞こえる。が、これを社会哲学として見ると、現状の階級社会や僭主政が糾弾され、イソノミアの回復が指向されているということができる。

2　運動する物質

アリストテレスによると、タレスは水を始原物質《アルケー》とみなした。それに関してこう説明している。

かれがこの見解をいだくに至ったのは、おそらく、すべてのものの養分が水気のあるものであり、熱そのものさえもこれから生じまたこれによって生存しているのを見てであろう、しかるに、すべてのものがそれから生成するところのそれこそは、すべてのものの原理〔始まり・もと〕だから、というのであろう。たしかにこうした理由でこの見解をいだくに至ったのであろうが、さらにまた、すべてのものの種子は水気のある自然性をもち、そして水こそは水気のあるものにとってその自然の原理であるという理由からでもあろう。

もっとも、或る人々の考えによると、今の時代よりも遥か以前の古い昔に、初めて神々のことを語った人々もまた、自然についてこれと同じような見解をもっていた。すなわち、この詩人たちは、オケアノスとテティスとを万物生成の父母であるとし、そしてまた神々の誓約には、その詩人たちの呼んでスティクスと称するところの水が使われたとしている(2)。

アリストテレスが示唆するように、タレスにかぎらず、自然哲学者が見出す始原物質は、観察よりもむしろ、ヘシオドス的神話に由来するといってよい。たとえば、タレス定なもの」は単一である。ただ、その運動によって、内在的に対立するもの——熱いものと冷たいもの、乾いたものと湿ったものなど——が分離して生じ、万物に変わる、というのである。

アナクシマンドロスのいう「無限定なもの《ト・アペイロン》」は、タレスの「水」に比べると、抽象的な観念のように見える。しかし、これもある意味で、ヘシオドスがいう「カオス」(空虚)の言い換えなのだ。ヘシオドスは、カオスから、ガイア(大地)とその奥底なるタルタロス(冥界)が、さらにそこから、ウラノス(天空)、山々、ポントス(海)が生じた、という。それを言い換えれば、「無限定なもの」から、「水」、「空気」、「土」などが生じたということになる。

しかし、自然哲学に関して重要なのは、何が始原物質であるかということではなく、むしろそれが自ら運動するということなのである。そして、これは第四章で詳述するが、たんに物理学的な問題ではなく、社会的・政治的な意味をはらんでいる。先ず注目すべきことは、ここで、物質と運動が不可分離だということである。神話においては、物質に運動(変化)をもたらすのは神々であった。そのような神々を締め出すなら、運動の原因を物質そのものに見なければならない。

したがって、タレスは「水」が自ら運動すると考えた。その背後に神々のような原因はない。タレスが見出す始原物質は、自ら運動するものである。そのため、水は生命ないし霊の如きものだと見なされる。タレス自身、「万物は神々に充ちている」[3]と述べたといわれる。そこでコーンフォードは、自然哲学に、未開の思考を受けつぐ物活論(物に霊があるという見方)があると考えた。しかし、タレスは呪術的な考えを持ちこんだのではない。その逆に、呪術的な考え方を斥けるためにこそ、自ら運動するような始原物質を考えたのである。

くりかえすと、物質が自ら運動するということが自然哲学の要であり、この点では、すべての自然哲学者が共通している。一方、意見が分かれるのは、始原物質あるいは根源的な質料が何であるかについてである。先に述べたように、タレスが「水」といったのに続いて、アナクシマンドロスは四つの構成要素(土、水、火、空気)を認め、それらが相互に転化することから、それらを超えたあるものを基体《ヒュポケイメノン》とするのがよい、と考えた。それが「無限定なもの《ト・アペイロン》」である。こうみると、アナクシマンドロスは「水」をアルケーとしたタレスよりも、より深遠な考察をしているようにみえる。

ところが、つづいて、アナクシマンドロスの弟子であったアナクシメネスは、「空気」が始原物質だと主張した。[4] さらに、のちに、ヘラクレイトスは「火」がそれだとした。このような展開は奇妙にみえる。なぜなら、これらはアナクシマンドロスが述べた四つの構成要素にすでにふくまれているからだ。アナクシマンドロスが彼らのあとに出てきて綜合したというのであれば、話はわかる。しかるに、彼よりもあとの人たちが、あえてタレスに戻ろうとしたのはなぜか。

アナクシマンドロスのいう「無限定なもの」は、感覚的に知られる物質ではなく、抽象的な観念である[5]。これは、先に述べたように、神話の「カオス」の言い換えであって、タレスの考えを進めるかわりに、神話に戻ることになってしまう。真に神話を越えるためには、物質は神々に動かされているのではなく、自ら運動するというタレスの主張をあらためて強調しなければならない。アナクシメネス以後の人々は、そのような方向に進んだのである。

それに対して、物質の自己運動を否定するならば、すなわち、物質と運動を分離して考えるならば、どういうことになるか。運動をおこすエージェント(主体)を想定しなければならない。そうすると、神々を斥けたのに、再び観念的なエージェントを導入することになる。たとえば、プラトンの考えでは、物質は自分で自分を動かすことができない。それを行なうのは神である。それは宇宙全体を合目的に配慮する制作者《デミウルゴス》である。一方、アリストテレスはプラトンと違って、ある意味で自然哲学を受け継ぎ、物質の運動性を認めた。だが、彼は、運動(生成)は物質に内在する原因によって生じると考えた。アリストテレスは制作者のようなエージェントをもってこないが、実際には、「原因」がその役割を果たすのである。

アリストテレスが考えた原因は、質料因と始動因、目的因と形相因である。彼は、タレスをはじめとするミレトス派は質料因と始動因を見出したが、形相因や目的因を見出せなかったという。しかし、彼らは見出せなかったのではなく、それをあえて否定したのである。目的因や形相因は、事物が生成したのちに初めて見出されるものだ。つまり、そのような事後的観点から、アリストテレスは運動が目的(終り)をもつと考えたのである。彼はそれを目的因と呼んだが、それは終りを始原に投射することである。

タレスらのミレトス派が物質の自己運動を考えたのは、物質の自己運動の背後に何かを想定すること、つまり、制作者(デミウルゴス)としての神々を想定する神話的思考を否定するためであった。ところが、アリストテレスのいう目的因においては、ミレトス派が追い出した神々が戻っている。もちろん、アリストテレスは神々そのものを復活させたわけではないが、運動の究極的原因としての「神」を見出したのである。かくして彼のいう「第一の哲学」(形而上学)は「神学」となる。(6) アリストテレスの形而上学がのちにイスラム教やキリスト教において「神学」の基盤となったのは、不思議ではない。

そのような神学が優位を確立したのち、タレスからデモクリトスにいたるまでの自然哲学は葬り去られた。それが復活したのはヨーロッパのルネサンスの時代である。自然哲学を葬ってきたアリストテレス的思弁の桎梏《しっこく》を破ったのは、ほかならぬ自然哲学の再導入であった。ルネサンスとはまさに、イオニア自然哲学の〝ルネサンス〟であった。

しかし、それを可能にしたのは、イスラム圏でイオニア自然哲学が保持されてきたことであり、さらに、ヨーロッパ、とりわけイタリアの都市に、イオニアの都市に似た状況が生まれたことである。

エルンスト・ブロッホはこういっている。《中世の静態的な世界像は、身分制社会を反映していますが、そこではまさに正反対の評価がなされます。物体の自然状態とは静止状態だとされます。運動は異常な状態と見なされ、物体の運動はどれもみずからを消耗し、そのため物体はしばらく動いたかと思うと、だんだん動きがゆっくりになる》(7)。それに対して、ルネサンスの自由都市では、目的をもたない運動や生成が考えられたのである。しかし、これは長く続かなかった。自由都市はまもなく国家(絶対王政)の中に吸収されてしまったからだ。それとともに、運動する物質という観念は否定され、アリストテレス主義とは異なる新たなタイプの二元論(デカルトの精神と延長)が支配的となる。

くりかえすと、自然哲学においては、質料が自ら運動するという考えが肝要である。この考えは、火炙りの刑に処された思想家、ジョルダーノ・ブルーノ(一五四八―一六〇〇)によって、「能産的自然」として把握された。ブロッホはつぎのようにいう。《ジョルダーノ・ブルーノは、ソクラテス以前の哲学者たちのまなざしを新しい異教のまなざしとして世界へそそぎ、超越が物質から奪い取った長子相続権を超越から奪い返すことによって、人々が「灰色」と呼び、また「無骨」、「鈍重」、「死物」、「退屈」と呼ぶ哀れな物質を救い出すのです》[8]。このとき、物質は能産的自然として蘇った。その結果、ブルーノは今も、イオニアの哲学者が受けたのと同じ非難を受けている。物質を生命と見る魔術的思考である、と。

ブルーノはその宇宙論でも、自然哲学を受けついだ。コペルニクスがアリストテレス＝プトレマイオスの天動説を覆して地動説を唱えたとき、ブルーノはそれを支持したが、同時にコペルニクスを批判し、太陽系は無限の宇宙の中にある多数の世界の中の一つでしかないと主張した。実は、それは、宇宙は無限であり、われわれの世界は多数の世界のうちの一つにすぎないと考えたアナクシマンドロスの考えを復活させるものである。ブルーノはそのことを知らなかったが、図らずもイオニア自然哲学の〝ルネサンス〟を成し遂げたのである。

ブルーノから得た能産的自然という考えを全面的に展開したのがスピノザである。彼の考えでは、自ら産出する自然こそが神なのであり、人格的な神は人間が自らの家族体験を投影した想像物にすぎないという。神人同形論を批判したスピノザは、もし三角形が口をきけたら、神はすぐれた意味で三角形的であるというだろう、と揶揄している。彼はイオニア自然哲学に言及していないのだが、実は、これは、イオニアのコロフォン生まれの遍歴詩人クセノファネスが述べたつぎのような揶揄とほとんど同じである。

人間たちは神々が〔人間がそうであるように〕生まれたものであり、自分たちと同じ着物と声と姿をもっていると思っている。……もし牛や馬やライオンが手を持っていたとしたら、あるいは手によって絵をかき、人間たちと同じような作品をつくりえたとしたら、馬たちは馬に似た神々の姿を、牛たちは牛に似た神々の姿を描き、それぞれ自分たちの持つ姿と同じようなからだをつくることだろう(9)。

さらに、クセノファネスはこう述べたと伝えられる。《唯一なる神は神々と人間どものうちで最も偉大であり、その姿においても思惟においても死すべき者どもと少しも似ていない(10)》。つまり、彼は擬人化された神を否定するが、「唯一なる神」を肯定する。ゆえに、自然哲学者たちは神々を斥けたとき、別種の神を考えていたということができる。しかし、それはけっして表象されてはならないものであった。したがって、「偶像崇拝」の批判は自然哲学にこそ見出されるべき特質である。

3 制作と生成

アリストテレスは自然の生成と人間による制作(ポイエーシス)を区別した。彼の考えでは、自然学は制作者がいないものを対象とするのだから、制作的な学ではないし、実践的な学でもない。《制作される事物においては、この事物の外にあるところの制作者の内にその原理があるからであり（そしてこの原理は制作者の理性か技術かあるいはそうした或る能力である）、また行為〔実践〕される事柄においても、その原理は行為する者のうちにあるからである》(11)。ゆえに、自然学は理論的な学である、と彼はいう。

しかし、アリストテレスが自然の内に目的因を見出すとき、実は、神＝制作者の観点から自然を見た上で、それを自然に内在化しているのである。それに対して、イオニア派は目的因を拒否する。自然の「生成」は、目的をもたないがゆえに、「制作」とは異なるのである。だが、生成をこのように考えることは、制作の意義を否定することにはならない。それどころか、イオニアの自然哲学者は制作や技術を重視し、それにもとづいて生成を考えたのである。

先に述べたように、イオニア時代には多くの技術革新があったが、アテネでは何もなかった。この違いは、イオニアの自然哲学者とアリストテレスとの違いに対応するものである。アリストテレスはプラトンと違ってイオニア自然学を継承しようとしたのだが、彼が自然学のモデルとしたのは生物学であった。彼がいう形相因や目的因は、成体は胚芽に潜在しているものの現実化だというモデルにもとづいている。だが、これは同じ種の生物がいかに存続するかを説明できても、新たな種がいかにできるのかを説明できない。というより、アリストテレスはそんなことを考えてもいないのである。

その理由は簡単である。アリストテレスが考えた「制作」は、詩作や農業のことであった。彼らはアテネ人一般と同様に、工業を蔑視したのである。そのため、彼は農業が一種の〝工業〟にもとづいていることを見なかった。たとえば、栽培や牧畜をおこなう者ならば、誰でも多かれ少なかれ品種改良について知っている。それによって新種が生成することも。そのような経験をもつ者は、自然界においても現在ある種が、別の種から変異してきたものではないかと推測するだろう。イオニア自然哲学の理論はそのような推測にもとづくといってよい。彼らが、水であろうと空気であろうと、何らかの始原物質の結合・分離の運動から多様なものが生成してくることを確信していたのは、メタフィジカルな認識によってではなく、フィジカルで実践的な認識によってであった。そして、それはイオニアで発展した工業に由来するといってよい。

ファリントンは、アナクシマンドロスの宇宙論についてこう述べた。《この極めて興味ある宇宙論は、一面において明らかに陶器匠の仕事場や鍛冶工場や或いは料理場のことを思いださせるものをもっているが、しかしそこにはマルドゥク〔バビロニアの造物主〕のはいる余地はすこしも残されていない。かれは人間のことさえこうした神様の助けを借らないで説明している。アナクシマンドロスの考えでは、魚は、生命の形態の一つとしては、陸棲動物より先きに生存していたものであり、したがって人間も、もとは魚の一種であったが、乾いた土地が出現するに至って、或る種の魚は陸上での生活に順応するようになった》[12]。また、ファリントンは、アルケーを空気に見出したアナクシメネスについても、その用語法から見て、《織物材料を圧縮させる製氈《せん》工程から暗示されて考えついたものであり、その液体的材料の蒸発乾燥し凝縮濃化する過程の観察によって確かめられたものである》[13]と推測している。

要するに、生物の考察を主とするアリストテレスと違って、イオニアの自然哲学者は、タレスから原子論のデモクリトスにいたるまで、目的論を斥けて、宇宙の生成、生命の発生、生物の進化、さらに人間社会の歴史的発展について考えたのである。

その中でも、私が注目したいのはシケリア（シチリア）のエンペドクレスである。彼は世界の生成を、四つの元素（水、土、空気、火）の結合と分離から説明しようとした。彼の考えでは、まず植物、ついで動物が生じる。その場合、彼は両性による生殖以前の段階を想定した。これは多くの人が指摘していることだが、たとえば岩崎允胤も、エンペドクレスに「適者生存、自然淘汰の思想の先駆がみられる」[14]という。

アリストテレスの中につぎのような記述がある。《ところで〔このような必然論者によると〕およそいずれの部分でも、それらがあたかもなにかのために〔目的適合的に〕生じたならそう成ったであろうようにたまたまそう成ったときには、それらはすべて、そうあるに適したように自己偶発によって作られているので、生き残る。しかるに、そうでないものは滅んだし、また滅び続けている、あたかもエムペドクレスが「人面の牛の子」についてそう言っているように[15]》。ここから岩崎はつぎのようにいう。《エンペドクレスは「目的適合的に」云々というにしても、自然の過程としてこのように考えているのであり、人間本位の単純な目的観をとっているのではない[16]》。つまり、エンペドクレスが見出す進化は非目的論的であった。ところが、アリストテレスはイオニア自然哲学の成果を取りこみつつ、それを目的論的に読み換えたのである。

だが、アリストテレスの名声にもかかわらず、イオニア的な思想は残った。そのことは、たとえば、前一世紀シケリアのディオドロスが書いた『歴史』からも明らかである。ファリントンが『ギリシヤ人の科学』で引用した文によれば、ディオドロスは人類の社会的・文化的起源についてつぎのように書いた。

> 最初の人類は、野獣と同様に、行き当たりばったりの生活をしていた。すなわち、かれらはそれぞれ単独に遊牧し、どこへでも食料になる植物にひかれ野生の果物を求めて移動していた。しかし、生活の便宜がかれらに協同して働くことを教えた。というのは、個々単独では野獣の餌食にされるからであった。その恐怖がかれらを結集させるようになって初めて、徐々に、かれらは互いにかれらのあいだに共通性のあることを認めるに至った。かれらの発する音声は、初めには混乱していて意味のないものであった。それが、長いあいだに次第にはっきりした有節音声になり、

各々の物事に対してそれぞれ便宜な音声がお互いのあいだで定められ、こうしてかれらの日常事についての話し合いがお互いに理解しうるようになった。（中略）
このような集団が人間の住みうる地上のあらゆるところに形成された。しかしこれらの集団のすべてが同じ言葉を用いたのではなかった、というのは各々の集団はそれぞれ偶然的の事情でその語法を定めたからである。したがって、あらゆる種類の言語が存在するに至った。人類の最初にできた数群がそれぞれ人類のすべての種族の父祖となった。ところで、いまだその生活に便利な設備は一つも発見されていなかったので、最初の人類は難儀な生活をしていた。かれらは衣類をもっていなかったし、まだ家も火も知らなかった。耕作して食料をえるという考えも全くなかった。のみならず野生の食物を貯蔵しておこうという考えさえ、まだかれらには起らないで、欠乏に対する備えはなにもしなかった。その結果、かれらの多数は、冬のあいだに寒さと栄養不足で死んだ。しかし次第次第に、経験から学んで、かれらは、冬には穴のなかにのがれ、保存のきく果物は貯蔵するようになった。それから、火やその他の生活に便利な諸設備が発見され、また諸技術その他かれらの社会的生活を進めるあらゆる物事が発明されてきた。こうした進歩過程の一般法則は、必要が人間にあらゆることを教えるというにある。必要こそはあらゆる教課を通じて人間を導くところの親近な指導者であり、そしてまた必要は、それの指導し甲斐のある適当な才能を自然的に恵まれた弟子として、人間をもっている。というのは、人間は手と、言葉と、あらゆる目的にかなう生得の機智とをもっているから(17)。

ファリントンが指摘するように、ここでは、アリストテレスが述べた、人間は生まれつきポリスの動物である、あるいは理性を備えた動物であるというような考えは、完膚なきまでに否定されている。実際、プラトンやアリストテレスのようなアテネの哲学がイオニア的思考を圧倒し抑圧するようになったのは、彼らの同時代やヘレニズムの時代よりもむしろ、キリスト教の神学の中に生き延びたのである。すなわち、アテネの哲学はキリスト教の神学の中に生き延びたのである。他方、イオニア的な進化論は、西洋では近代に物理学が発展しても復活しなかった。アリストテレス派による呪縛(18)は、ダーウィンの『種の起源』にいたるまで根本的に否定されることはなかったのである。

ダーウィン以前にも進化論はあった。たとえば、ライプニッツは、無機物から、植物、動物、人間、神へという進化を考えた。しかし、それは根本的にアリストテレスを否定するものではない。つまり、進化は神＝制作者の観点、あるいは目的論的な観点から考えられている。ダーウィンの進化論が画期的なのは、進化を目的論なしにとらえようとしたからである。たとえば、彼は進化 evolution という旧来の用語を避けて、「変更を伴う由来 Descent with modification」という語を使った。

ダーウィンがこれを考えたのは、哲学的な思索を通してではない。彼は品種改良(特に鳩)にかんして研究を積み重ねた経験があり、それに照らし合わせて「自然選択」を考えたのである。彼が考え抜いたのは、品種改良(人間による選択)と「自然選択」とはどう違うのか、ということである。しかし、この問いは、「制作」と「生成」はどう違うのかという問いと同じである。つまり、ダーウィンは、制作から生成を考えようとしたイオニアの自然哲学者、あるいはその流れを汲む者と同じ問題に出会ったのである。

ダーウィンは自然選択を品種改良から考えるとともに、それらを区別した。新種は偶然の変異の結果として生まれる。その中で、まるで自然が選択したかのように、あるものが生きのびることになる。彼はそれをのちにスペンサーの適者生存という概念を借用して説明した。しかし、「適者生存」という時、変異に一定の方向性・目的性があるかのように受け取られる。つまり、進化 evolution という考えが回復されてしまう。

したがって、ダーウィン進化論の画期的意義は、偶然性を根底におき一切の目的性を斥けたことにあった(19)。彼はそのために、突然変異という契機を導入した。そのとき、ダーウィンは、そうとは知らずに、アリストテレス派によって長く抑圧されてきたイオニア派の思想を回復したのである。

ダーウィンと同時代に、イオニア自然哲学の問題に注目した思想家がいる。のちに『資本論』をダーウィンに献呈した、マルクスである。彼は学位論文で『デモクリトスとエピクロスの差異』を論じた。エピクロスは基本的にデモクリトスの原子論・機械的決定論を受け入れたのだが、ただ、原子の運動には偶然的な偏差が生じると考えた。しかし、若いマルクスがこの論文でいいたかったのは、両者の差異だけではない。彼の真の標的は、この二人が対立する哲学者アリストテレスなのである。

マルクスは、一方に、感覚論者であり機械的決定論者であり、且つその結果として懐疑論者であるデモクリトスをおき、他方に、目的論的・合理論的なアリストテレスをおいた上で、両者の「間」に唯物論者で、原子の運動に偶然の偏差があることを主張するエピクロスをおいたのである。マルクスの考えでは、この原子の運動の偶然の偏差こそが、機械論的でありながら、結果的に目的論的に見えるような「変異」をもたらすのである。こうして若いマルクスはエピクロスに、目的論と機械的決定論の双方を、原子の運動の偏差から批判する企てを見出した。イオニア派の思想はこのように、マルクスの唯物論において蘇生したのである。

さまざまな点で、イオニア派の思想は今も活力をもっている。先にも指摘したように、一般に、質料と運動を分離しないイオニア派の考えは「魔術的」なものだと見なされる。実際、近代のフィジックス(物理学)はそれらを分離することによって成立した。しかし、このような分離はデカルトが示したように、「神」あるいは神のような視点を前提している。つまり、その点で、アリストテレス的メタフィジックス＝神学を受け継いでいる。

このような観点を決定的に粉砕したのが量子力学であった。量子力学は、質料と運動は不可分離だというイオニア派の考えを、ある意味で回復したからだ。すなわち、量子（光や電子のような微粒子）は、粒子（質料）であると同時に波動（運動）である。

第四章　イオニア没落後の思想

1　ピタゴラス

a　輪廻の観念

イオニアの自然哲学はたんに自然を扱った学ではなく、この世界をフィシスの観点から見るものである。したがって、それは同時に「社会哲学」として読まれるべきである。たとえば、自然哲学は物質が自己運動すること、物質と運動が切り離せないことを強調したのだが、それは、社会哲学として見た場合、何を意味するか。それは、諸個人が存在することは移動することと切り離せない、ということである。いいかえれば、移動の可能性がないところに、個人は存在しない。

たとえば、氏族的共同体やその延長であるような社会では、個人は共同体に内属している。したがって、そこに、個人は存在しない。ポリスは、諸個人の同意と契約によって形成されるという原理に立っている。しかし、実際には、ギリシアの都市国家は多氏族の連合体として成立したのであり、個人の選択によるのではなかった。個人による選択が可能なのは、氏族に従属しない個人、さらに、望むならいつでも外に移動できるような個人がいる所においてのみである。それはイオニアのような植民地でしかありえない。ゆえに、ポリスの原理はイオニアに始まり、それがギリシア本島の都市に広がったのである。

イオニアの諸都市では、その成員は移動してきた者であり、またいつでもさらに移動することができた。そのような条件が、自由であるがゆえに平等であるようなイソノミア(無支配)を可能にしたのである。しかし、植民者の移動が続くにつれて、移動すべき〝フロンティア〟が消滅していった。それに伴って、ポリスの内部に富の格差、支配関係が生じるようになった。前六世紀前半には、イオニア各地でそのような傾向が目立ちはじめたのである。

同時に、それに対する社会改革もなされた。その一例は、ピタゴラス(前五八二―四九七)がいたサモス島で起きた。ピタゴラスは親友のポリュクラテスとともに、ポリスの社会改革に乗り出した。それはイソノミアを回復しようとするものであった。だが、現実に経済的不平等がある以上、それはデモクラシー(多数者支配)というかたちをとることになる。この試みは成功を収めるが、この過程でポリュクラテスがしだいに僭主となっていった。ピタゴラスはそれを批判してサモス島を去ったのである。

リディアやペルシアに征服されたのちに、イオニア諸都市が僭主政となったのは当然である。僭主政は、帝国による都市国家統治のための手段であったから。しかし、それ以前から、イオニア諸都市に僭主政が生まれていたこと、あるいはそれに近い状態があったことに注意すべきである。むしろ、そうであったからこそ、タレスが提唱したようなポリス連合が成り立たず、隣の帝国の侵略に屈したのである。アテネにおけるペイシストラトスの僭主政は、貴族政に対する戦いから生まれた。僭主が民衆の支持を得たのだ。一方、サモス島では、もともとイソノミアがあり、それを回復しようとするデモクラシーの中から僭主が出現したのである。

ピタゴラスについて考えるとき、以上の経験を重視すべきである。彼はイオニアを離れ、エジプト、ペルシア、中央アジア、ガリア、インドを遍歴し、ありとあらゆる学問を身につけ、六〇歳ごろ、南イタリアのクロトンに居を定め、そこに密儀の学校として教団を創立したといわれている。このため、ピタゴラスの思想はイオニアでの経験と切り離され、もっぱらアジアに由来するものとみなされる。

たとえば、ピタゴラスは輪廻転生という観念をもたらしたといわれる。それによれば、魂は元来、不死すなわち神的な存在であるが、無知ゆえにみずからを汚し、その罪をつぐなうために肉体という墓に埋葬されている。われわれが生と呼んでいる地上の生活は、実は魂の死にほかならない。再び神的本性を回復しないなら、永久に輪廻転生の輪の中にとどまるほかない。それを脱するためには、魂は知恵《ソフィア》を求めなければならない。

その意味で、哲学《フィロソフィア》とは輪廻転生の輪から解脱するための方法なのである。ディオゲネス・ラエルティオスは、哲学(知恵への愛)という語を最初に用い、自らを哲学者(知恵を愛する者）と呼んだ最初の人がピタゴラスだと書いている。ピタゴラスは人生を競技会にたとえ、そこでは観客が最もよい、とのべたといわれる。それは「観想」（観照）によって真理を把握することである。プラトンはさまざまな意味でピタゴラスの考えを受け継いでいる。たとえば、『パイドロス』で、ピタゴラス派から受け取った輪廻転生の説を紹介している。また、『パイドン』では、魂の不死に関するピタゴラス派の考えから、イデア論を導いている。そして、『メノン』では、輪廻による「想起」説を。

しかし、輪廻転生や観想という考えは、ピタゴラスに独自のものではない。彼が放浪したアジア、特にインドにおいてはむしろありふれたものであった。また、輪廻転生の観念を説くオルフェウス教がすでにギリシア全体に流行していた。むしろ、それはイオニアでは一般に受け入れられなかった。ピタゴラス自身も最初はこれを受け入れなかったであろう。彼がそれを受け入れたのはアジア各地を長く放浪した間である。しかし、その原因はアジアの思想そのものではなく、彼自身のイオニア時代の経験に根ざしているといわねばならない。

南イタリアにおいても、輪廻転生の観念を最初に伝えたのはピタゴラスではない。ここではすでにオルフェウス教が流行しており、その秘教集団に入り、肉食を断念し善行を積めば、次の世には浄福な生活が得られるということになっていた。ジョージ・トムソンは、ピタゴラス派の運動がイタリアで始まったことを、この地域の後進性から説明している。《きわだって現世的で合理的な人生観をもっていたイオニア人とは反対に、これら西方の人々は、その思想が宗教型であることと、予言や奇蹟を信じることとで有名であった。この点では、彼らはヘブライ人に似ていた》[1]。たしかに、このような面はあるだろう。ここでオルフェウス教が広がったのはそのためである。また、ピタゴラス教団がここに根を下ろしたのもそのためである。

しかし、問題は南イタリア地方の人々ではなく、「きわだって現世的で合理的な人生観をもっていた」イオニア出身のピタゴラスが、なぜそのようになったのか、ということにある。ピタゴラスの教団はオルフェウス教の集団に似ているが、幾つかの点で違いがある。たとえば、オルフェウス教の守護神がディオニソスであるのに対して、ピタゴラス派の守護神はアポロンである。アポロンはイオニア諸都市の守護神なのだ。それはピタゴラスがイオニアとのつながりを強くもつことを示している。しかし、それよりもっと重要なのは、ピタゴラス派の運動が、南イタリアで広がったとしても、その起源をイオニアにもつということである。というより、「きわだって現世的で合理的」であったイオニアが消滅したことに起源をもつのだ。いいかえれば、それはピタゴラス自身の政治的挫折の体験から来るのである。

それに関して、もう一つ指摘しておきたいことがある。ピタゴラスがいう「観想」から、受動的で非行動的な姿勢を想像してはならない。ピタゴラスは社会的改革に失敗した。が、クロトンでは、彼は「観想」に引きこもるどころか、積極的な活動に向かったのである。

たしかにピタゴラス教団では、成員は清浄を保ち、肉食を断ち、沈黙の中で自己の魂を見つめる修行が課された。しかし、オルフェウス教団と違って、ピタゴラス派の運動は本質的に政治的であった。たとえば、クロトンでピタゴラス派は貨幣の鋳造に従事し、新興の商工業階級との結びつきを基盤にして、ポリスの政治にかかわった。トムソンも書いている。《クロトンでのピュタゴラス派は、一般に認められていた意見や伝統に挑戦状を発したばかりでなく、土地貴族から権力を奪取して、その権力を商品生産の発展を促進するために用いた(2)》。その結果、クロトンは南イタリアで最も有力なポリスとなった。

このことは、ピタゴラスがクロトンで非政治的な瞑想者集団を作ったのではなく、その逆に、かつて失敗した社会改革をここでやりなおそうとしたということを意味している。ピタゴラス教団とはそのようなものである。ピタゴラスが目指したのは、全員が経済的に平等であり、また、男女も平等であるような共産主義的な社会である。このため、教団と国家との間に確執が生じ、最終的に教団は弾圧されたのである。教団は各地に散らばり、秘密結社として存続した。

b 二重世界

ここで、あらためてイオニアにおけるピタゴラスの経験を検討しよう。サモス島でピタゴラスが親友ポリュクラテスとともに目指したのは、階級的に分裂した社会にイソノミアを回復することであった。そのために、デモクラシー(多数者支配)によって富の再分配を図ることになる。が、そこから現実に生まれたのは僭主政であった。ピタゴラスはそれをポリュクラテスの野望によると考えたようである。が、これは個人の野望の問題ではない。実際、ポリュクラテス自身は僭主たることを望むような人物ではなかった。むしろ彼はあえて暗殺されることを選んだという逸話によって、後世に知られている。(3) ポリュクラテスが僭主になろうとしたのは、民衆がそれを熱望したからである。民衆は、彼らの欲望を充たしてくれる強い権力を望んだ。

ピタゴラスが南イタリアで創った教団組織のあり方は、彼がイオニアでの経験からいかなる教訓を引き出したかを示している。一つは、大衆の自由な意志に任せてはならないということである。それは結果的に、大衆の自由を抑圧する独裁制に帰結するからだ。もう一つは、指導者が「肉体」(感性)の束縛を越えた「哲学者」でなければならないということである。さもなければ、指導者はたんなる独裁者になってしまうからだ。

ピタゴラスの教団には徹底的な平等があった。しかし、「自由」はなかった。ここではいっさいの教説がピタゴラス一人のものであった。彼は絶対的権威をもったグルであった。しかし、ピタゴラスの考えでは、グルは独裁者ではない。また、通常いわれるような個人の自由は、真の自由ではない。それは肉体（感性）に支配された状態でしかない。真の自由は他人との関係においてではなく、個々人が魂を肉体という牢獄から解放することによって実現されるのである。

ピタゴラスは、知と非知を峻別した。感覚による知は非知（仮象）であり、真の知は感覚を越えたものだ、と考えたのだ。ピタゴラスが最初の哲学者（知を愛する人）だといわれるのは、そのためである。しかし、このような考えは輪廻転生の観念と同様に、アジアではありふれている。真の世界と仮象の世界という二重世界に関して、ニーチェはつぎのようにいっている。

> この現世が「仮象」の世界で、あの世が「真」の世界であるとみなされるということが、或る症候のあらわれである。「別の世界」という表象の発生地は、すなわち、哲学者である。哲学者は理性の世界を捏造するが、この世界では理性と論理的機能がふさわしい、――ここから「真」の世界が由来する。[4]

だが、このような見方では、アジアで一般的である二重世界論と、ピタゴラスがもたらした二重世界論を区別できない。重要なのは、ピタゴラスが見出した二重世界が一般的な二重世界論とは似て非なるものだということだ。ピタゴラスの場合、二重世界を否定するイオニア社会を経由しているからである。そのことを見ないと、ピタゴラスが最初の〝哲学者〟としてあらわれたことの倒錯性や歴史性が理解できない。一般的に見出される二重世界論、あるいは、真の世界を知る者と感覚の世界にとどまる者の区別は、精神労働と肉体労働の分業にはじまる。マルクスはそれについて、つぎのように書いている。

もともとは性の場面における分業にすぎなかった分業が発展して、やがて自然的素質（たとえば体力）、諸要求、諸偶然事等々によって、ひとりでに、いいかえれば《自然成長的》にできあがる分業となる。分業は、物質的労働と精神的労働との分割があらわれる瞬間から、はじめて真に分業となる〔マルクスの傍注《イデオローグの最初の形態、すなわち僧侶という形態が、時をおなじくして生ずる》〕。この瞬間から、意識は現にある実践の意識とはなにかちがったものと、思い込むことが実際にできるし、現実的ななにかあるものを思いうかべなくとも、なにかあるものを現実的に思い浮かべていると実際に思いこむことができるようになる。――この瞬間から、意識は世界から解放されて、《純粋》理論、神学、哲学、道徳等の形成にうつることが可能になる。(5)

氏族社会では、このような分業は未発達である。しかし、それが国家社会になれば、この分業が発達し、祭司・神官の支配に帰結する。実際、エジプト、バビロニア、インドなどの大文明では、そうであった。したがって、そこでは、二重世界という見方はありふれていたのである。ところが、イオニアではそうならなかった。それは彼らが未開だったからではない。イオニア人はアジアの文明において高度に発達したこのような「分業」を熟知していたが、それを拒否したのだ。彼らはアジアの文明を半ば受け入れつつ、別の道を切り開いたのである。

アジアの文明では、「イデオローグの最初の形態、すなわち僧侶」が科学技術を独占したが、イオニアではそのような独占がなかった。ある意味で、祭司や官僚の権力は、習得困難な文字およびそれによって得られる知識の独占にもとづいている。それに対して、イオニアの人々は、フェニキア文字を改良して、誰でも簡単に習得できる表音文字(アルファベット)を考案した。さらに、彼らは鋳貨をつくり、アジアの国家では官僚が行っていた交易や価格設定などの経済政策の仕事を、市場に任せた。このようなところでは、官僚や祭司が特別の権力をもつことはありえなかったのである。

アジアから進んだ科学知識を得、また、自らも開発しながら、イオニアでは「物質的労働と精神的労働との分割」が進まなかった。たとえば、タレスをはじめとする自然哲学者は、ピタゴラスがいう意味では〝哲学者〟ではなかった。タレスはエジプトで土木技師として働いた人であり、三角関数を考えた数学者であり、日食を予言した天文学者でもあり、政治家でもあった。それは彼が特別に万能であったということではなく、イオニアにおける「物質的労働と精神的労働の分割」不在をあらわしている。タレスは確かに傑出していたから、〝知者〟(賢人)と目された。しかし、彼は〝哲学者〟ではなかった。イオニアでは哲学者とそうでない者という区別が存在しなかったのである。いいかえれば、イオニアには「二重世界」が成立しなかったのだ。

そして、その原因はイソノミアにある。イソノミアは特別の地位、権限、資格を許さないのである。イオニアの自然哲学者が擬人化されたオリンポスの神々を斥けたとき、彼らはそれによって、神官・祭司のような存在をも否定したのだ。それは「物質的労働と精神的労働の分割」を否定することであった。それはまた、二重世界——理性と感性、知と非知、真理と仮象の区別——を否定することでもあった。

問題は、このような精神的風土に育ったピタゴラスが二重世界を最初に主張する人、あるいは「最初の哲学者」となったことである。くりかえすが、その原因をアジアに求めることは不毛である。ピタゴラスが二重世界を考えるようになったことは、イオニアの経験に求められなければならない。彼は、すでにイソノミアが崩壊していた社会に、イソノミアを回復することを目指した。が、彼が見た民衆は、かつての独立不羈《どくりつふき》の市民とは違っていた。むしろ、すすんで僭主に服従するような人たちであった。そして、僭主となった彼の友人も、すでにイソノミアの精神をもたなくなっていた。この経験がピタゴラスを変えたのである。

ピタゴラスはデモクラシーを否定する。デモクラシーが結局僭主政になるという苦い経験があったからだ。しかし、ピタゴラスはイソノミアの理念を放棄したわけではない。ただ、イソノミアを実現するためには、デモクラシーではなく、哲学者による統治が必要だと考えたのである。その結果、イソノミアを追求することが、ある意味で最もイソノミアに反する政治形態、あるいは、最も自然哲学に反するような哲学に帰結したのである。

ここで、ピタゴラスが、倒錯したかたちであれ、イソノミアを追求せんとしたことに留意すべきである。実際、ピタゴラス教団はきわめて政治的であり、〝平等〟を徹底的に実現しようとした。この意味で、ピタゴラスの認識を受けついだのは、プラトンである。プラトンはその対話編で、イデア論についても哲人王の観念についても、ソクラテスの意見として提示している。しかし、それらはソクラテスの考えではなく、明らかにピタゴラスの考えなのである。プラトンがピタゴラスから継承したのは、数学や輪廻のような個々の観念だけではない。むしろプラトンの政治思想の核心に、ピタゴラス的認識が存在するのだ。

政治家を志していたプラトンにとって、ソクラテスが民主派によって処刑された事件(前三九九年)は、最初の大きな挫折であった。出身からいって貴族派と目されたプラトンは、この事件によって公人としての進路を絶たれたのも同然であったから。以後、彼は〝哲学者〟となるほかなかった。彼はその後、アテネを出てピタゴラスのように各地を放浪し、最後に、南イタリアのタラスにあったピタゴラス派の学園を見学しに行った。彼の設立したアカデミアがピタゴラス派の学園にもとづくことはいうまでもないが、それだけでない。彼はピタゴラス派教団の政治に、彼自身が長年考えてきた民主政に対する疑問と、その克服への鍵を見ようとしたのである。

c　数学と音楽

ピタゴラスがイオニアの政治的文脈から出てきたことは、一般に無視されている。それはまた、ピタゴラスがイオニアの知的伝統のさなかから出てきたことを無視することになる。たとえば、コーンフォードは哲学の始まりを神秘宗教や呪術の伝統の中に見ることを提唱し、ピタゴラスをギリシア北方のシャーマニズムと結びつけた(Principium Sapientiae, 1952)。しかし、これは、ピタゴラスの考えの起源を、アジアに一般的に見られる輪廻転生、精神と肉体の二元論の中に見るのと同様、重要な一点を見落とすものである。それはピタゴラスがイオニアの知的伝統から出てきたということだ。ピタゴラスは確かに「二重世界」を見出した。しかし、彼はその論拠を輪廻転生よりも、むしろ数学に求めたのである。これこそまさにイオニア的な伝統である。同時に、ピタゴラスはその伝統を内部から否定しようとしたのである。

本来、数学はアジアで実用的な学問として発展した。しかし、それは文字と同様に、神官によって独占された知であった。たとえば、エジプトで数学が発展したのは、ナイル河の洪水の後に土地所有を確認するために測量する必要があったからだ。そこから測地学＝幾何学が生まれたのだが、それは神官によって研究され、その知識が大衆に公開されることはなかった。数学のもう一つの源泉として、バビロニアで発達した天文学がある。これも灌漑農業の必要から発展したものであり、神官によって研究され、占星術と不可分離であった。しかし、イオニアでは神官が知識を独占するというようなことがなかった。また、天文学を受け入れながら、神官や呪術と結びついた占星術を拒んだ。イオニア人は「神々」を斥けたのである。

イオニアでタレスらによって発展させられた数学は、その意味で、実用的であり神秘的な要素はなかった。イオニアで数学への関心が増大した理由は、何よりも貨幣経済の発展である。そこでは、すべてのものの価値が貨幣によって量的に表示される。ゆえに、数が根底的なものとなる。たとえば、ピタゴラス派がクロトンで貨幣鋳造に従事したという事実は、ピタゴラスがイオニア出身者であるということと切り離せない。彼が数学を学んだのも、イオニアのそのような風土においてであった。つまり、彼の数学はもともと実践的なものであった。

しかし、イオニアを出たピタゴラスにとって、数学は具体的な実践性が希薄になり、神秘化されるようになる。彼はむしろ音楽や天文学に数学を活用するようになった。それは実用的な関心からではなかった。しかし、そこに実践的な意味がなかったわけでもない。ピタゴラスの教団では、音楽は特に、魂を浄化し輪廻から解脱するための手段と見なされていたからである。たとえば、ピタゴラスの数学に関して最も知られている業績は、和音の秘密を解明したことである。すなわち、彼は、一弦琴《モノコード》を用いた「実験」によって、音階上の四つの主要な音の間に、基音に対して、オクターヴ(二対一)、五度音程(三対二)、四度音程(四対三)という比例関係があることを見出した。

むろんピタゴラス以前から和音はある。彼が明らかにしたのは、音楽の魔術的な力と感じられるような秘密が数(比例関係)にあるということである。(6) その意味で、彼の態度は依然イオニア的であるといえる。つまり、ピタゴラスは魔術的ではなく、極めて合理的であった。だが、それは反実用的なものであった。たとえば、「ピタゴラスの定理」は有名であるが、ピタゴラスの発見ではない。それは粘土板に資料が遺されているように、バビロニアではつとに知られていたのである。バビロニアではまた、実用的な動機から代数学が発展し、二次方程式が考えられていた。それに対して、「ピタゴラスの定理」が示すように、整数にこだわったピタゴラスは、代数学を発展させる可能性を閉ざしたのである。ピタゴラスの数学を受けついだプラトンやユークリッドは数学を論証的なものにはしたが、実践的には、数学の発展に貢献しなかった。

音楽のほかに、ピタゴラスが研究したのは天文学である。バビロニアでは天文学は占星術の一環として発達した。それは星の運動から地上における事象を読むことである。それは神秘主義的であったが、同時に、それは実用的な目的にもとづいていた。ピタゴラスはそのような関心を持たなかった。彼の関心はもっぱら合理的・抽象的で、天体の運動の中に隠れた数学的な構造を見出すことにあった。

天文学は、他の学問に比べて数学を特権化するものであった。天体は、物としてではなく、関係あるいは変換規則としてしか見出されないからである。たとえば、体系的な天文学が始まる前から、人々は星座を、また、星座に由来する神話を知っていた。星座を知るということは、満天にちりばめられた星のなかに、それらが見かけの上で位置をたえず変えながら、つねに一定している構造を把握することである。むろん、そのことを知らなくても、人々は早くから星座を知っていた。それは和音が比例関係によることを知らなくても、和音を用いていたのと同じである。ただ、和音の秘密を明らかにしたのは、ピタゴラスなのである。彼は、同様に、天体の運行の秘密をも明らかにしうると考えた。彼にとって、天文学は「天界の音楽」を聞くことであった。弦楽器の音を何オクターヴか高くすると、人間には聞こえなくなる。逆に、人間には聞こえなくとも、数学的な認識によって「天界の音楽」を知ることができる。そのような音楽は、感覚を越えていると考えられる。

ピタゴラスが二重世界(感性的世界/超感性的世界)という考えを唱えるようになったのは、ここからである。つまり、それはもっぱら数学にかかわるものだ。数学とは物と物との関係を把握することである。その場合、われわれは一つの疑問に出会う。物は存在する。物と物の関係も存在する。しかし、後者は物が存在するのと同じように存在するのだろうか。

たとえば、和音についていうと、個々の音がなければ、それらの比例(関係)は存在しない。逆に、それらの比例(関係)がなければ、音は音楽とはならない。そして、そのような関係構造は、素材としての音がどう変わろうと、同一である。ここで、つぎのような問いが生じる。音が存在するのと同じように、音の関係も存在するのか。しかり、とピタゴラスは考えた。のみならず、後者こそ真の実在である、と。したがって、ピタゴラスが二重世界の考えをもってきたのは、数学の認識からであり、それは以前からあった輪廻転生、魂の不滅のような二重世界論とは別の話なのである。

ピタゴラスは万物のアルケー(始原)を数に見出した。先述したように、これはイオニア自然哲学の態度に従うものであると同時に、イオニア自然学を根本的に否定するものでもある。というのは、ピタゴラスが見出したアルケーは、もはやフィシスではなかったからだ。彼は数を実在として見た。数は「関係」であり、個物が在るように在るのではない。しかるに、関係を実在として見ること、そして、それを万物の始原物質として見出すことは、観念的実在を真の実在とすることだ。ピタゴラスにおいて、イオニアの自然哲学は、事実上、観念論的哲学に転化したのである。

ヘーゲルはピタゴラスが数を実在とみなしたことを、観念論の初期的段階だととらえている。数は概念と物の中間にある、とヘーゲルはいう。数は、思想の始まりではあるが、最低の始まりだ。つまり、ピタゴラスはまだ、思想＝概念にいたっていない。それが概念となったのは、プラトンのイデア論においてである、とヘーゲルはいうのだ(『哲学史講義』)。しかし、実際は逆である。プラトンのイデア論はピタゴラスの考え、つまり、数を実在とするような考えによってのみ可能となったのである。

たとえば、プラトンはイデアの例として馬のような概念を挙げている。彼の考えでは、個々の馬はさまざまであるが、馬のイデアを分有する。しかし、イデアをこのような例から考えるのは、適切ではない。実際、このようにイデアを概念と同一視するような論を否定するのは容易である。たとえば、ソクラテスの弟子、アンティステネスは、「プラトンよ、私は個々の馬を見るが、馬なるもの(馬性)を見たことがない」といった。のみならず、アリストテレスもプラトンのイデア論を批判し、個物のみが実体であり、概念は個々の実体から観察を通して見出されるものだ、と考えた。しかし、プラトンがイデア、つまり、感覚的実在とは異なる実在を考えるにいたったのは、そのような観点からではありえない。それは個々の実在ではなく、それらの関係自体を実在として把握すること、つまり、数学的認識を通してである。

イデア論を考えたプラトンが、その根拠を数学に求めたことは明白である。彼のアカデミアの入り口には、「幾何学を学ばざる者は入門を許されず」と書かれていたといわれる。数学にかかわるかぎり、イデアを否定するのは容易ではない。またイデアを否定したとしても、「関係」が個々の項と無関係に自立的に存在するという事実を否定することはできない。近代科学に貢献したのは、デモクリトスやエピクロスの原子論だけではなく、「自然という書物は数学で書かれている」(ガリレイ)というような考え方であるが、それはピタゴラスに由来するのである。また、コペルニクスの地動説も、ピタゴラスに由来する(7)。

なぜ数学によって世界の根源を知りうるのかは、謎である。しかし、そのことを承認するほかない。たとえば、現代の素粒子論の先端では、根源的な物質は数学的にしか存在しない。いいかえれば、それは「関係」としてしか存在しない。そうなると、根源は究極的に物質なのか関係なのか、決めることができない。したがって、ピタゴラスが万物の根源が数であると考えたことを、簡単に否定することはできない。ただ、そこから感性的な世界とイデア的な世界という二重世界を導きだすことは否定できるし、また否定すべきである。

2　ヘラクレイトス

a　反民衆的

ヘラクレイトスは、大衆を蔑視する貴族主義的な思想家だという定評がある。その中でも代表的なヘラクレイトス批判は、カール・ポパーによるものである。彼の考えでは、プラトンは貴族階層に属し、古い氏族的な社会の伝統を護持するイデオローグであり、ヘラクレイトスはその先行者であった。《単に「自然」ばかりでなく、それ以上に倫理‐政治的な諸問題をも扱った最初の哲学者であるヘラクレイトスは、社会革命の時代に生きた。ギリシャの部族的貴族制が民主制という新しい力に屈し始めたのは、彼の時代のことだったのである(8)》。

このようにいうとき、ポパーは二重にまちがっている。第一に、ヘラクレイトスは「単に「自然」ばかりでなく、それ以上に倫理‐政治的な諸問題をも扱った最初の哲学者」なのではない。すでに述べたように、自然哲学者がすでにそのような哲学者であった。第二に、ヘラクレイトスが生きていた時代は、「ギリシアの部族的貴族制が民主制という新しい力に屈し始めた」時代ではない。その逆である。ポパーのような見方は、アテネを中心にして民主政の歴史を見る通念でしかない。

少しでもイオニアの歴史をふりかえり見るなら、ヘラクレイトスがそんな時代に生きていたのではないということが明らかとなる。イオニア諸都市は前五六一年にリディア王国に併合され、さらに、五四六年にペルシアに併合された。イオニアにあったイソノミア的な体制は失われ、支配者に従属する僭主政となったのである。ヘラクレイトス（前五四〇―四八〇）が生まれ育ったのは、そのような社会である。彼は、「ギリシアの部族的貴族制が民主制という新しい力に屈し始めた」時代どころか、イソノミアが遠い思い出でしかないような時代に育ったのである。

どうしてポパーのような誤解が生まれるのか。それは第一に、ヘラクレイトスはエフェソスの王族ないし高貴な家の長子として生まれたといわれているからである。しかし、エフェソスは主にミレトスからの移民によってできた都市であり、氏族社会の遺制にもとづく王族ないし貴族の支配などはなかった。もし貴族というのであれば、それは市民らの自由を保護する指導者の家系という程度の意味であった。ヘラクレイトスはそれを「最高の者」と呼ぶ。《私には一人でも万人に当たる、もし最高の者ならば》(B49)。[9] その任務は支配ではなく、ポリスの自治を保持することである。しかも、ヘラクレイトスがその仕事を果たすことはなかった。というより、果たせなかったのである。彼はその立場を弟に譲ったといわれるが、リディアやペルシアの従属下にあっては、そのような指導者の立場はもともと不可能なのだ。

第二に、ヘラクレイトスが貴族主義的とみなされるのは、エフェソスの市民大衆を侮蔑し罵倒しつづけたからである。《エペ〔フェ〕ソスの輩《やから》など成人に達した者は皆がみな、首をくくって、未成年者たちに国家を譲るのが至当である》(B121)。《エフェソスの人々よ、君たちが富に見はなされ、あげくのはてに、不正の徒だということを天下に証明されることのないように》。そこで、ポパーはヘラクレイトスに民主主義への敵意、大衆への蔑視を見出す。そして、そのような態度を受け継いだのがプラトンだというのである。しかし、プラトンがアテネにおいて貴族階層の人間であり民主主義に敵対的であったことが確かだとしても、ヘラクレイトスにその先駆けを見るのは的外れである。

ヘラクレイトスのいたエフェソスは、イオニアの他のポリスとは違っていた。多くのポリスはペルシアからの独立をはかった。それはペルシアを後ろ盾にする僭主の支配をくつがえし、民主政の樹立を目指すものであった。それが「イオニアの反乱」(前四九九年)である。これはアテネの力に頼るものであったが、それを十分に得られなかったため、壊滅的な敗北を喫した。たとえば、タレスらを生んだイオニアの中心的都市ミレトスは灰燼に帰した。しかし、この間にエフェソスだけが無事に生き残った。イオニア反乱に加担せず、巧妙に立ち回ったからである。エフェソス市民が他のギリシア人と提携するにいたるのは、ペルシア戦争でギリシア連合軍がペルシアを破った後からである。山川偉也はそれについてこう述べている。

ミレトスの運命の悲惨さに較べるなら、エフェソスのそれは幸運というほかないともいえよう。しかしながら、ヘラクレイトスという自尊心に富み強烈このうえない個性をもったひとりの人物が、この物情騒然たる時代に、全生涯を《自由喪失》、ペルシアへの屈辱的な《隷属》の下に過ごしたという事実自体は、変わるものではない。(10)

他のポリスと連帯して戦うかわりに、ペルシアへの隷属の道を受け入れて巧妙に生きのびる道を選んだのが、エフェソスの民衆である。ヘラクレイトスはこのような民衆を軽蔑し呪詛した。だが、それが反民主主義的で「貴族主義」的であろうか。エフェソスにおいては、僭主政やペルシアへの隷属は民衆の意向によるものだ。そのような民衆の意志に従うことがデモクラシーであるならば、確かにヘラクレイトスは反デモクラシーである。しかし、彼の民衆嫌悪あるいは反デモクラシーは、イオニア的な思想＝イソノミアに反するものではない。イソノミア(無支配)は、国家内部での支配を否定するだけでなく、当然、外の国家からの支配を否定する。それは先ず、外の国家からの独立を必須とする。そして、そのために戦うことを回避すれば、イソノミアは成り立たない。《公民(デーモス)は、市壁を守って戦うがごとくに、法を守るために戦わねばならない》(B44)。

エフェソス人は「イオニア反乱」に参加しなかった。民衆は従属の中で平穏な日々を送った。ヘラクレイトスはそのような「平和」を嫌った。それは従属に甘んじることであったから。ヘラクレイトスの断片を読む者は、そこに戦争・闘争を称揚する言葉を多く見出すだろう。《戦争はすべてのものの父であり、すべてのものの王である。ある者たちを神々に列し、ある者たちを人間の列に置いた。またある者たちを奴隷とし、ある者たちを自由人とした》(B53)。だが、これは戦わずして従属状態の下で安全を享受したエフェソスで語られた言葉であることに留意すべきである。

エフェソス人は、他のイオニア人の反乱と滅亡を横目に見ながら生きのびた。《戦死者には、神々も人間たちも、ともに敬意を払う》(B24)。だが、エフェソス人にはそのようなことはけっしておこらない。《「目覚めている者たちには共通の一つの世界がある」が、眠っている者たちは、それぞれが「自分だけの」世界へ帰っていく》(B89)。エフェソス人は、ポリスの公共的な世界に背を向けて、眠りこけている。《最もすぐれた人たちは、すべてのものに代えて一つのものを、すなわち死滅すべきものに代えて不滅の栄誉を選ぶ。しかし多くの者たちは、家畜のように、腹一杯むさぼり尽くしているだけだ》(B29)。

ヘラクレイトスがイオニアの自然哲学を受け継いだことは明白である。タレスがアルケーに「水」を、アナクシメネスが「空気」を見たように、ヘラクレイトスは「火」を見出した。彼の考えでは、すべての元素——土、水、空気——は、変形した火である。このことで、ヘラクレイトスが自然哲学より一歩進んだ考えをもったという人たちがいる。しかし、それはアナクシメネスが「空気」をアルケーとして述べたことと特に違わない。もし違いがあるとしたら、ヘラクレイトスが「火」を始原物質としてのみならず、闘争のメタファーとして見たことであろう。しかし、そのように始原物質を見ることも、彼の創始ではなくイオニア派の考えであった。

ヘラクレイトスはまた儀式と魔術を批判した。《一体だれに対して、エペソスの人ヘラクレイトスは、予言を与えているか。「夜中に群れ騒ぐ信徒たち、魔術師たち、バッコスの信徒たち、踊り狂う女信徒たち、密儀をとりおこなう者たち」にである。(中略)「人びとの間で一般におこなわれている密儀宗教の儀礼は、不浄なものであるから。」》(B14)。いうまでもなく、これはイオニア派の態度を受け継ぐものであり、同時にピタゴラス派を否定するものでもある。このように見ると、ヘラクレイトスがイオニアの自然哲学を受け継いだということが、たんに自然認識の問題ではないということがわかる。自然哲学は同時に社会哲学なのである。

先に引用したように、アナクシマンドロスは、自然的世界を支配する法則として「正義《ディケー》」の原理を導入した。《存在する諸事物にとってそれから生成がなされる源、その当のものへと、消滅もまた必然に従ってなされる。なぜなら、それらの諸事物は、交互に時の定めに従って、不正に対する罰を受け、償いをするからである(11)》。アナクシマンドロスはここで一切の存在は「ディケー」という均衡を犯して対立により生ずるので、罰として消滅するようになるという認識を語っていると考えられている。たとえばケルゼンは、《人類史上初めて全宇宙を支配する内在的法則の観念が把握されたのである。これが人類史上最初の因果法則の定式化である》と述べた。社会哲学として見れば、アナクシマンドロスの言葉は、争いを不正とみなしたように見える。

それに比べて、ヘラクレイトスは、争いにこそ正義があると考えた。《戦争は遍《あまね》きものであること、正道は争いであること、万事は争いと必然に従って生ずることを知らなければならない》(B80)。すなわち、対立や闘争を回避することは滅亡をもたらす。しかし、このような意見の違いは、たんに自然認識の違いとしてだけでは説明できない。アナクシマンドロスとヘラクレイトスの違いは、往年のイオニアとその後のイオニアとの違いを反映するものだ。前者は、イソノミアが崩落しつつあったミレトスの中で考え、後者は闘争を回避してペルシアに従属したエフェソスの中で考えたのである。

b　反ピタゴラス

ヘラクレイトスについて考えるとき、われわれは他の誰よりも、ピタゴラスと対照すべきである。実際、ヘラクレイトス自身がピタゴラスを意識しているのだ。断片語録の中にも、ピタゴラスへの否定的言及が二箇所見出される。《ムネサルコスを父とするピュタゴラスは、すべての人間に抜きんでて知識探究にいそしんだ。そして、そのたぐいの著作の抜粋をおこなって、自分のものとしての英知をこしらえた——博識を、詐術を》(B129)。ピタゴラスの何を「詐術」というのだろうか。

このことも、両者のイオニア政治および自然哲学との関係の中で見るべきである。すでにのべたように、ピタゴラスはイオニアにおける政治的挫折から、そこを出て放浪し「博識」を積み、南イタリアのクロトンで教団を創設した。また、彼はイオニア自然哲学をある意味で受け継ぎながら、数を万物の根源に見出すことによって、物質性を棄てて観念的な世界の優位に向かった。ピタゴラスは、感覚でとらえられる現象と、理性《ロゴス》によってとらえられる数学的な知を区別した。プラトン的な二重世界(感覚的な仮象の世界と、理性的な永遠の真理の世界)という見方はここに始まる。

これを否定したのがヘラクレイトスなのだ。彼はあくまで、物質性とその運動性を重視する自然哲学の視点を保持しようとしたのである。彼のいう「火」は、物質であるとともに運動である。このような考えが、イオニア自然哲学に負うことはいうまでもない。

とりわけ、クセノファネスからの影響が顕著である。先に引用したように、クセノファネスは擬人的な神観念を批判し、牛や馬が神を思い描くなら、牛や馬の姿をしているだろうと揶揄したことで知られている。この場合、重要なのは、彼が、擬人的な神々を批判する根拠として「唯一の神」を見出したことである。《唯一なる神は神々と人間どものうちで最も偉大であり、その姿においても思惟においても死すべき者どもと少しも似ていない》[12](B23)。

「唯一の神」といっても、それはこの世界の外にあるのではない。クセノファネスにとって、この自然＝世界こそが神なのである。アリストテレスはいう。クセノファネスは《世界全体をかえりみつつ一者《ト・ヘン》は神であると言っただけである》[13]。しかし、これは、自然＝世界の外に考えられる神々や「真の世界」といったものを否定することであり、二重世界の否定を意味するのである。

ヘラクレイトスはこのような考えを受けついだ。確かに彼は、変化、多数、闘争を重視した。そこで、ヘラクレイトスといえば、「万物は流転する」という言葉が代名詞となっている。しかし、このような考え自体は特にユニークではない。むしろ、そこから出てくる認識が重要なのだ。ピタゴラスは、たえず転変する感覚的世界に対して、永遠不滅の世界を対置した。一見すると、ヘラクレイトスも同じことをいっているようにみえる。彼もまた万物が「一」であること、対立する物が「一」であることを告げたからだ。《知とはただ一つ、万物を通し万物を操る叡智に精通していること》(B41)。《私にというのではなく、この理《ことわり》(ロゴス)に聞いてそれを理解した以上は、それに合わせて、万物は一であることに同意するのが知というものだ》(B50)。しかし、これは、感覚的で多様な仮象の世界の背後に、本質的な同一性の世界があるということでは決してない。その逆に、この「一」である世界の外に考えられるような世界は仮象にすぎない、ということを意味するのである。

ヘラクレイトスがいう「一」とは、世界《コスモス》にほかならない。《この秩序立った世界(コスモス)、万人に同一のものとしてあるこの世界は、神々のどなたかが造ったものでもないし、人間のだれかが造ったのでもない。それは、いつも生きている火として、いつでもあったし、現にあり、またありつづけるであろう》(B30)。ヘラクレイトスのこのような考えは、明らかにクセノファネスがいう世界＝一者という観念にもとづいている。この一者は神である。が、それは擬人化されてはならない。そこで、ヘラクレイトスはいう。《知を備えた唯一の存在は、ゼウスの名で呼ばれることを非とし、かつ是とする》(B32)。

ヘラクレイトスがユニークなのは、「万物から一が生じ、一から万物が生じる」という考えにおいてである。くりかえすが、ここで彼がいう「一」は、万物の多様な外見の彼岸に、本質としての同一性が隠れているというような考えとは異なる。ヘラクレイトスにおいては、万物の「一」性は、物質性や運動性を越えてあるのではなく、むしろ、後者において実現されるのである。ヘラクレイトスにとって、物質の運動は、対立物の闘争を意味した。だが、それに加えて、物質の運動は、対立するものの「交換」を意味するといってもよい。だが、《万物は火と引き換えであり、火は万物と引き換えである。あたかも物品が黄金と、黄金が物品と引き換えであるようなものである》(B90)。

ヘラクレイトスは、貨幣(黄金)が万物に対してあるように、火が万物に対してある、という。しかし、彼が強調したいのは、火が万物と異なる特別なものだということではない。火もまた万物の一つである。にもかかわらず、火が万物を越えたものとなるのは、万物との社会的「交換」を通すことによってである。これは、マルクスが『資本論』で述べたことと同じである。つまり、黄金が貨幣であるのは、それが黄金だからではなく、万物との交換を通して一般的等価形態の位置に置かれるからである。(14)

ピタゴラスは万物の始原《アルケー》に数を見出した。それはアルケーを問うたイオニア自然哲学を受け継ぐと同時に、それを根本的に否定するものであった。それは自然哲学における〝運動する物質〟という考えを消去してしまったからだ。それに対してヘラクレイトスが考えたのは、ここまで述べてきたように、イオニア自然哲学を回復することであった。だが、ピタゴラスとヘラクレイトスの差異は、たんに自然哲学に対する対応にあるだけではない。それはもっと根本的に、イオニア的社会の崩壊に対する対応にある。

ピタゴラスは、サモス島のポリスが僭主政に屈していったとき、そこを離れ、別天地に、感性的なものに左右されないような理想の社会を築こうとした。それが教団組織である。それは失われたイソノミアを、観念的に疎外されたかたちで回復することであった。それがのちに、プラトンの「哲学者＝王」の考えに帰結したのである。

それに対して、ヘラクレイトスはポリスを断念しなかった。いいかえれば、彼はイソノミアを要求しつづけた。むろん、それは当の大衆から敬遠された。彼は孤高を持したままであった。しかし、注目すべきことはむしろ、この時期、ピタゴラスにかぎらず、自分のポリスを離れて、各地を転々とした思想家が多かったなかで、ヘラクレイトスがあれほど嫌悪したエフェソスを生涯離れなかったことである。彼はけっしてポリスの枠内でものを考える人ではない。徹底的な個人主義者であり、コスモポリタンであった。彼がいうロゴスは普遍的に「共通なもの」であり、ポリスの法を越えるものであった。《人間界の法はすべて、神の唯一なる法によって養われている》(B114)。《遍《あまね》きもの(すなわち共通的なもの)に従わなければならない。しかるに、この理《ロゴス》こそ遍きものであるというのに、多くの人びとは、自分独自の思慮を備えているつもりになって生きている》(B2)。

にもかかわらず、ヘラクレイトスはポリスにとどまった。それは、彼のいうロゴスがポリスにおいてこそ実現されるべきであったからだ。イソノミアが実現されるのは、小さなポリスにおいてである。そのようなポリスの連邦がコスモポリスを形成する。しかし、そのようなポリスが存在しないなら、コスモポリスは、世界帝国のようなものになってしまわざるをえない。実際、ポリスを離れた思想家らは、ヘレニズム期の帝国に即応するような個人主義的哲学をもたらしたのである。それに対して、ヘラクレイトスは、エフェソスを批判しながらもそこにとどまった。

このようなヘラクレイトスの振る舞いは、死刑の判決後逃亡せず、アテネにとどまったソクラテスのそれに似ている。ちなみに、プラトンは『国家』で、市民の義務はポリスのノモスに忠実であることだ、そして、そのノモスは一人の傑出した者の指導によって実現されると述べ、さらに、そのような考えをヘラクレイトスから得た、と語った。しかし、ヘラクレイトスは集団を率いる指導者ではなかったし、そうなろうとは決してしなかった。プラトンが仰ぐソクラテスも同様である。したがって、プラトンの考えは、ヘラクレイトスでもソクラテスでもなく、ピタゴラスに基づくのだ。実際、ピタゴラスと同様、プラトンは自らの理想を故郷のアテネではなく外国(シラクサ)で実現しようとしたのである。

3 パルメニデス

a ヘラクレイトスとパルメニデス

パルメニデスは、イオニアの自然哲学がアテネの哲学に転換するに際して最も大きな役割を果たしたと考えられている。しかし、そのような見方はもっぱらアテネの哲学者たちによるものだ。私の考えでは、イオニアの哲学に大きな転換をもたらしたのはピタゴラスなのであり、そして、ヘラクレイトスやパルメニデスはそれに対抗した人物なのである。その場合、ヘラクレイトスが、自然哲学とのつながりやその闘争性からいって、イオニア派に近いということは、一見して明白であるが、パルメニデスはそう見えない。

彼が示した間接証明は、イオニア派になかった要素であるように見える。プラトプラトンはそれを、イオニア自然哲学を打倒するための新たな武器として用いた。しかし、実際は、間接証明はイオニアに由来するのである。

そもそも、パルメニデスはイオニアと深い縁がある。彼はイオニアからの移民によって創設されたポリス、エレアの人であった。パルメニデスはピタゴラス派の影響を受け、その教団にいたといわれている。この伝承は、パルメニデスをイオニア派の流れから切断するものである。だが、他方で、アリストテレスは「パルメニデスはクセノファネスの弟子であったといわれる」と書いている(『形而上学』)。ピタゴラスはイオニア出身とはいえ、イオニア的哲学を否定した人であり、クセノファネスはイオニア出身で、イオニア的哲学を全面的に受けついだ人である。したがって、一方の伝承を肯定する者は、他方の伝承を否定することになる。だが、以上の二つの伝承のうち、あえてどちらかを選ぶ必要はない。パルメニデスは最初ピタゴラス派に入っていたが、その後に、イオニアからやってきてピタゴラス派を批判したクセノファネスの弟子となった、と考えればよいのである。それは、パルメニデスの生涯の課題が、一度自身が傾倒したピタゴラス的思考を内在的に克服することにあったということを意味する。そしてそれは、イオニア的なものを回復することにほかならないのである。

このことに関連して、もう一つの根深い偏見を見ておくべきであろう。パルメニデスは「有るものは有る、有らぬものは有らぬ」と述べた。すなわち、「有り且つ有らぬ」ということはありえない、と。それに対して、ヘラクレイトスは「万物は流転する」という。《同じ河流に、われわれは足を踏み入れているし、また踏み入れていない。われわれは存在しているし、また存在していない》(B49a)。これはパルメニデスの考えと対極的であり、それを批判しているようにみえる。ヘーゲルはそう考えた。その結果、ヘラクレイトスをパルメニデスの後に出てきた思想家として扱ったのである。

エレア派は、存在だけがあり、真実だといいましたが、存在の真実は「なる」であって、存在は第一の、直接の思想にすぎない。ヘラクレイトスは、一切が「なる」だという。「なる」が原理です。……「ある」(存在)から「なる」への移行は偉大な思想の力を示します。「なる」はまだ抽象的なものですが、しかし同時に具体への第一歩、すなわち、対立する観念の最初の統一体です。対立する存在と非存在は、「なる」という関係のなかでは静止せず、生き生きと動くことを原理とします。かくて、アリストテレスがこれまでの哲学に欠如していると指摘したもの——運動の観念——が補足される。ここでは運動そのものが原理となっています。(15)

しかし、ヘラクレイトスは前五四〇年生—四八〇年没、パルメニデスは前五一五年生—四五〇年没と推定されている。ヘラクレイトスがパルメニデスに対して反駁したということはありえない。先ずこの点で、ヘーゲルの「哲学史」は虚偽である。では、逆に、パルメニデスがヘラクレイトスに異議を唱えたといえるだろうか。それも、ない、といってよい。むしろ、さまざまな点で、彼らは類似しているのだ。彼らはいずれも、先行するピタゴラス的な思想と戦ったのである。

アリストテレスにもとづいてヘーゲルは、ヘラクレイトスはそれまでの哲学に欠如していた「運動」の観念を補足したという。しかし、これも事実に反する。イオニアの自

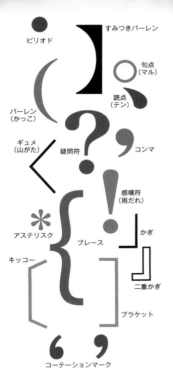

立って、その場でただちに僭主に石を投げつけて殺してしまったのだ》[18]。

「君たちの卑怯にはあきれるよ」とゼノンは言う。このような言い回しを、ヘラクレイトスがそういわれたように、大衆を蔑視する〝貴族主義〟と呼ぶのは的外れである。その逆に、ゼノンのせりふは、イソノミアの精神から来るものだ。そして、彼のアジテーションは、市民を動かして僭主打倒を実現したのである。このような人物が師と仰いだパルメニデスが、ヘラクレイトスに劣らず激しく闘争的であったことは疑いをいれない。遺されたパルメニデスの著作がいかに抽象的に見えたとしても、それは「祖国の公務や公的関心から身をひく」こととは無縁であった。つまり、ピタゴラスがいう「観想」とは無縁であった。「有らぬものは有らぬ」という彼の認識は、「有らぬもの」を観想することの拒否と関連しているのである。ピタゴラスへの彼の批判は、たんに理論上の問題にとどまらなかったのだ。

b　ピタゴラス批判

アリストテレスはパルメニデスの考えをつぎのように説明している。《かれは、あるもの〔存在〕のほかにあらぬもの〔非存在〕のあることなきは当然自明であるとして、そこから必然的に、あるものはただ一つ、すなわちあるもののみで、そのほかにはなにもない、と考えた。……しかしかれも、現象の事実にはいやでも従わざるをえなかったので、あるものを説明方式において〔概念的には〕一つであるが感覚にとっては多くあるのであると想定し、ここにまたもや二つの原因、二つの原理をたてた、すなわち熱いものと寒いものとを、かれの言をもってすれば火と土とを。そしてこれらのうち熱いものをあるものの側に、寒いものをあらぬものの側に配した(19)》。

この記述が示すのはむしろ、パルメニデスがイオニア自然哲学を受けついでいるということである。パルメニデスは「有るものは一である」といったが、「現象の事実にはいやでも従わざるをえなかったので」、多なる感覚的世界を受け入れた、というアリストテレスの説明はおかしい。そもそも、パルメニデスは感覚的世界を否定していないのだ。「有るものは一である」ということを主張したのは、イオニア派に対してではない。感覚的世界を否定して、空虚の観念をもちこんだピタゴラスに対してである。

イオニア派は、カオス(空虚)から天地が生成するというヘシオドスの神話を否定した。始原物質は多様な形をとるが、無から生成することはないし消滅することもない。それに対して、ピタゴラスは万物の根源に物質ではなく、数をもってきた。そして、空虚(ピタゴラスはケノンと呼ぶ)から〝一〟が生まれ、さらに空虚を吸い込んで多が生成する、と考えた。これは現代数学でいえば、数を空集合からの生成として把握することだといえよう。しかし、ギリシアの文脈において、これは、カオスからの世界の生成という神話的思考の回復を意味する。それに対して、パルメニデスは、空虚や無から世界の生成を見る考えを否定する。空虚は「有らぬ」ものである。有らぬものは有らぬ。一方、有るものは「一」なるものである。それはいわば、物質の恒存性を意味する。空虚や無からの世界の生成という考えを否定することは、前イオニア的な思考(ヘシオドス)、およびポストイオニア的な思考(ピタゴラス)への批判であり、その意味で、イオニア的な思想を回復することである。

くりかえすが、パルメニデスのいうことは運動や生成の否定ではない。その逆に、彼は自然哲学の「運動する物質」というヴィジョンを回復しようとしたのである。ピタゴラスにおいては、先に述べたように、運動が否定されている。彼の考えでは、万物の根底に「関係」が内在する。そして、それは静止的なものである。これはイオニア派の見方と対照的であり、むしろそれ以前のヘシオドス的な思考に戻ることになる。

神話では、すべてが事後的に見られている。つまり、すでに起こった出来事が神々の意志あるいは目的として解釈される。そう考えると、イオニアの自然哲学者が否定したのは、神々というよりむしろ、出来事を事後的あるいは目的論的に見る観点そのものである。彼らによって、物質の運動が目的論的でないものとしてつかまれた。だからまた、そこに進化論的な見方が生まれたのである。だが、ピタゴラスにおいて、運動は事後的な観点から見られる。そして、事後的に見出される世界こそ「真の世界」である。ここから、プラトンのイデア論やデミウルゴス(工作者)としての神、さらに、アリストテレスの原因論(目的因や形相因)が派生してきたのである。

パルメニデスが否定したのは、ピタゴラスがもちこんだ事後的な観点である。事後的に見れば、運動は数や点の合成として見ることができる。いいかえると、連続的な線は数や点に分割できるし、数や点から連続的なものを構成できる。パルメニデスがいったのは、運動は分割できない、すなわち、「一」であるということである。彼はそれを間接証明によって示そうとした。弟子のゼノンが用いたのも同じやり方である。プラトンの『パルメニデス』によれば、パルメニデスがいった「一なる有」をピタゴラス派が嘲笑したので、ゼノンは、逆に、「多」があるのだとしたら背理に陥るというかたちで反論し、パルメニデスを弁護した、という。このため、ゼノンの逆理は多や運動の不可能性を証すものだと見られている。事実はその逆で、彼は、ピタゴラスのような見方では、多や運動が不可能になる、ということを示したのだ。つまり、ゼノンの逆理は、ピタゴラス派の前提を否定することを目指すものである。

たとえば、「アキレスは亀に追いつけない」というゼノンのパラドクスはつぎのことを意味する。連続体が無限に分割できると仮定すると、アキレスは亀に追いつけないということになる。だが、現実には、追いつく。ゆえに、連続体は無限に分割できない。つまり、世界はパルメニデスがいうように「一なる有」であるということになる。また、「飛ぶ矢は飛ばない」という、ゼノンのよく知られたもう一つのパラドクスについていえば、静止した矢をいくら重ねても、運動はない。つまり、矢は飛ばない、ということになる。しかし、現実には、矢は飛ぶ。ゆえに、静止した矢、すなわち、運動から切り離された物質を考えることはまちがいである。

これらのパラドクスは、運動の不可能性を示すものではない。その逆に、運動を可能にするような思考を要求するのである。ベルクソンは『時間と自由』において、空間は可分的であるの対して、時間は不可分な持続である、ところが、時間を空間のように扱う見方がこれまで哲学を支配してきた、と主張する。彼はそのような「錯誤」の責任を、よりにもよってエレア派に負わせた。しかし、エレア派こそ、時間や運動を分割する見方を批判した最初の人々なのだ。

ベルクソンが「時間の空間化」といっていることは、私の考えでは、運動を完了したあとから見ることを意味する。たとえば、今(現在)は過去と未来の間にあると考えられる。しかし、それは今を事後的に見ることである。「今」といった瞬間、すでにそれは過去になっている。真の今においては、未来や過去だけでなく、「今」さえもない。それが、パルメニデスのいう「一なる有」である。それは、運動や生成変化をその最中において見ることにほかならない。

ヘーゲルはゼノンに「弁証法の元祖」を見た。しかし、ゼノンの弁証論は、ある命題をいったん仮説として受け入れた上でそれを吟味するときに生まれるものだ。そして、ゼノンの弁証論は、運動を事後的に見る態度を反駁するためのものである。それとは対照的に、ヘーゲル的な「弁証法」は、事後的な観点から運動を再構成するものである。そして、そのような思考はピタゴラス派・プラトン派の末流のものであり、したがって、ヘラクレイトスやパルメニデスとは疎遠なのである。

c　間接証明

パルメニデスは、「有らぬものは有らぬ」ということを、有らぬものが有ると仮定すれば背理に陥るというかたちで証明した。またゼノンは、それを分割すると背理に陥るがゆえに、一である連続体が有る、ということを証明した。このような間接証明は、エレア派が創始したものであり、そこにイオニア自然哲学からの断絶があると考えられている。しかし、すでに述べたように、パルメニデスはこれによって自然哲学を否定したのではなく、それを〝間接的に〟肯定しようとしたのである。のみならず、このような間接証明は、パルメニデスが創始したのではなく、イオニアの自然哲学にもともと存在したものである。

自然哲学はたんに経験的な観察にのみもとづくのではない。そもそも実践的な知はどこでも、先ず仮説を立て、それを吟味《エレンコス》し修正することでなされる。イオニアで発達したのは、そのような仮説先行的なやり方である。山川偉也はいう。《ギリシア科学に典型的な演繹的性格は、パルメニデスがはじめてこれを刻印したのではなく、イオニア科学のそもそもの端緒から萌芽をみせている[20]。たとえば、アナクシマンドロスが万物の根源《アルケー》に「ト・アペイロン(無限定なもの)」を見出したときも、アルケーを水や火のように限定すると、論理的に辻褄があわないということを示すことによって説明した。これは間接証明にほかならない。

アリストテレスによれば、クセノファネスの「神＝一者」も間接証明によって示された。《もしも神々が生まれてきたのなら、その生誕のまえには無であったはずである。また、もし神々が死ぬとすれば、神々は無になるということになる。神々が存在しない時は考えられない(不合理である)。ゆえに、神々は生まれてきたものでも死んでいくものでもない。したがって、神々はつねに存在するのである》。さらに、山川偉也は、パルメニデスのつぎの論法(B8)がクセノファネスのそれと同じであることを指摘している。「《有》は不生不滅である。なぜなら、仮に《有》が生成し消滅するとしてみよ。生成したなら《無》からであり、消滅するなら《無》へである。しかるに、《無》は語ることも考えることもできない(不合理)。ゆえに《有》は不生不滅である」[21]。

イオニア派のクセノファネスの間接証明を継承したということからしても、パルメニデスがイオニア自然哲学に背を向けるどころか、その流れを汲む者だということは明白である。しかるに、パルメニデスがとった間接証明は、自然哲学にあった前提をくつがえすものであるかのように受けとられてきた。パルメニデスのつぎのような言葉は、存在に対する思惟の優位を証すように見えたからである。

　思惟することと、思惟がそのためにあるところのものとは同じである。なぜならば、思惟がそこにおいて表現を得るところのあるものがなければ、汝は思惟することを見出さないであろうから。まことにあるもののほかには何ものも現にありもせずこれからあることもないだろう[22]。

この断片は、「思惟することと有ることとは同一である」と解釈されてきた。つまり、思惟が存在を決定するという観念論的な言明として。しかし、パルメニデスがいうのは、その逆である。物が有る。そして、有るものに関わらぬ思惟はない。ただ、思惟において整合的でないならば、思惟される対象は存在しえない、というだけである。たとえば、ピタゴラスがいう「空虚」がそうである。

パルメニデスはイオニアの唯物論的思想を否定するどころか、それを前提として考えたのである。かつて自然哲学者らは擬人化した神々を否定した。それは、理性《ロゴス》によって感覚的・空想的な仮象を斥けることである。だが、パルメニデスが斥けようとした仮象はむしろ、理性によって生み出された仮象である。それはたとえば、ピタゴラスが考えた、感覚を越えた「真の世界」である。パルメニデスによれば、そのような「真の世界」こそ「有らぬもの」であり、仮象なのだ。この仮象は、感覚がもたらす仮象とは異なる。感覚によって生じる仮象なら、理性によって訂正できる。しかし、理性が生み出す仮象を訂正することは難しい。それは思惟が自己矛盾に陥ることを示すことによってしかできない。もしパルメニデスにおいて何か画期的なものがあるとしたら、このような理性の「批判」にある。

このようにいうとき、私がカントを念頭においていることはいうまでもない。旧来の哲学が、感覚にもとづく仮象を理性によって批判することを課題としてきたのに対して、カントは、理性そのものが生み出した仮象を批判しようとした。この仮象は、むしろ理性が不可欠とするものであり、したがって、理性によって簡単に取り除けないものだ。彼はそのような仮象を、超越論的仮象と呼んだ。このような仮象は、理性によって生じたものであるが、それを批判することも理性によってしかできない。ゆえに、カントのいう「批判」は、理性による理性自身の批判である。

私はパルメニデスに、このような「批判」の先駆者を見出す。それは逆にいえば、カントをパルメニデスの後継者として見出すことである。たとえば、カントは「物自体」「現象」「仮象」の三つを区別した。カントは物が外的に存在することを肯定する唯物論者である。ただ、われわれが認識するのは物自体ではなく、主観的な構成にもとづく現象であるというのである。この場合、現象とは事実上、科学的認識を意味する。ゆえに、現象は仮象ではない。現象が感性的直観にもとづくのに対して、仮象はそれにもとづかないからだ。さらに、仮象の中には、もっぱら理性によって形成されるものがある。つまり、超越論的仮象である。そしてこれが最も厄介な仮象なのだ。カントが『純粋理性批判』で批判(吟味)したのは、そのような仮象である。

ところが、カントが提示した「現象と物自体」という区別は、感覚的な仮象世界と理性的な真の世界という、二重世界論の再版のように見える。むろん、そうではなく、カントが標的としたのは仮象であり、わけても「真の世界」という仮象なのだ。ところが、「物自体」がそのような「真の世界」だと受けとめられてしまった。このような誤解は、カントが「物自体」を直接的・積極的に提示したために起きたのである。カント自身がその誤りに気づいていた。彼は『純粋理性批判』を出版した後、当初は別のプランを考えていたこと、そして、その通りにすべきであったことを語っている(M・ヘルツ宛書簡、一七八一年五月一一日)。

別のプランとは、現象と物自体という区別を最初から提示するのではなく、アンチノミー論(弁証論)から始めることである。つまり、物自体と現象を区別しないなら背理に陥るということを示すことによって、物自体があることを(間接的に)証明する。そのような叙述をしなかったために、物自体が、何か感覚を越えたイデア的なものと錯覚されてしまうのではないか、というのが彼の懸念であり、またその懸念は的中したのである。物自体、現象、仮象という三つの区別は、パルメニデスを見る場合にも必要である。

パルメニデスの哲学詩『自然について』は、女神が先ず「真理の道」、つぎに「臆見の道」について語る、二部からなっている。「真理の道」とは、「有るものは有る、有らぬものは有らぬ」という認識である。だが、それで終るのではなく、そのあとに、「臆見の道」をたどれ、と女神はいう。《ここで私は真理に関する信頼できる私の言説と考えを終わりにする。これからは、死すべき者たちの信念を学びなさい。私のことばの欺瞞に満ちた構成を聞きながら(23)》。だが、「真理」を知っている者がなぜ「臆見」を学ぶ必要があるのか。

しかし、パルメニデスのいう「臆見」は仮象ではない。それはカント的にいえば、現象、つまり、感覚的な直観にもとづいて考えることだ。アリストテレスはこう述べた。パルメニデスは有るものは一であると考えていたが、「現象の事実にはいやでも従わざるをえなかったので」、感覚的な実在の探究に進んだ、と。しかし、このような順序は逆立ちしている。パルメニデスが先ず「真理の道」を示したのは、感覚的世界を越えた真の世界のような「仮象」を斥けるためであり、それによって「現象」に向かう道を開くためであった。

「仮象」とは、何よりもピタゴラス学派のように、感覚的な実在を否定して世界の根源に数を見出すような考えである。パルメニデスがいうのは、そのような仮象を斥けた上で、臆見(現象)を探究せよ、ということだ。いいかえれば、ピタゴラス的哲学を斥け、イオニア派が開いた自然認識にもどり、それを一層進めよ、ということを意味する。実際、エレア派のあとの世代はその課題を果たそうとした。そこから原子論が出てきたのである。

4 エレア派以後

a エンペドクレス

エレア派はイオニア自然哲学を否定したかのようにいわれているが、すでに述べたように、それを取り戻そうとしたのである。「一なる有」というパルメニデスの主張は、無からの生成を否定し、始原物質が恒存的であることを意味する。では、一なる始原物質がいかにして多様なかたちをとりうるのか。エレア派のあとに自然哲学を受け継ごうとした者は、この問題を解決しなければならなかった。そこで多元論が出てきたのである。

最初の多元論者の筆頭がエンペドクレスである。彼は万物の根源として、四種の「根」を考えた。「火、空気、水、土」である。これらがイオニア自然哲学に負うことはいうまでもない。彼はタレスから水、アナクシメネスから空気、ヘラクレイトスから火をとり、それに土を加えたのである。また、彼はそれぞれに神の名を与えている。「輝くゼウス(火)、生命をもたらすヘラ(空気または土)、アイドネウス(土または空気)、ネスティス(水)」。とはいえ、それらは神話的なものではない。

しかし、エンペドクレスがイオニア派と異なるのは、四つの根が互いに独立し対等にあると考えたことである。イオニア派の哲学者はそれぞれ、一つの始原物質から他のものを説明しようとした。そのことの不都合に気づいたアナクシマンドロスはいち早く、それら四つの根底に「無限定なもの」を見出した。しかし、「無限定なもの」は物質というよりも観念である。だから、「無限定なもの」から限定へという生成が語られることになる。その意味で、それは空虚からの世界の生成という、ピタゴラスの考え方につながる。

一方、アナクシマンドロスが「無限定なもの」という観念を唱えたあと、その弟子アナクシメネスは物質に戻って、アルケーに空気を見出した。それとパラレルなのは、エンペドクレスが、数をアルケーとしたピタゴラスに対して、物質に戻ったことである。エンペドクレスは、これまでイオニア派が見出した四つの根源物質を再導入した。ただ、そのどれかが根源的であるとは考えなかった。それらは互いに対等なものであり、どれか一つに、あるいは「無限定なもの」に還元されることはない。また、他のものに変わることはない。あるいは、他と結合して新しいものになることもない。それらは空虚から生成したのでなく、また消滅することもない。

「まったく有らぬものからは何も生じるすべはなく、また有るものが滅び去ることもありえず、未聞のことである」とエンペドクレスはいう。そのようにいうとき、彼はパルメニデスに従ったのである。したがって、万物は、これら四元素の結合と分離によって形成される。この場合、エンペドクレスは、愛が結合をもたらし、憎しみが分離をもたらすという。愛や憎しみというのは心理的なものでなく、引力と斥力のような物理的な力である。エンペドクレスは、この原理にもとづいて、生物の進化を考えた。その際、彼が目的論をもちこむことなく、自然選択としての進化を考えたことについては、すでに(第三章で)述べた。ここでは、エンペドクレスが社会の変遷に関して考えたことを見ておきたい。

彼は社会の進化を四期に分ける。先ず、愛のみが支配し、四つの元素(根)が和合している時期。第二に、争いが忍び寄り、四つの根がしだいに分離していく混合の時期。第三に、争いのみが支配する分裂の時期。第四に、愛が入ってきて、四つの根が次第に結合していく混合の時期。

右のようにいうとき、エンペドクレスは、ヘシオドスが『神統記』で述べた、黄金の時代から、銀の時代、青銅の時代、英雄時代、鉄の時代へという変化を念頭においていたといってよい。つまり、ヘシオドスがいう「鉄の時代」は、エンペドクレスにとって第三の時期、すなわち、争いのみが支配する分裂の時期である。同時にエンペドクレスはヘシオドスが「希望」を見出したように、この状態を変える可能性を見出していた。彼はそれを「愛」と呼んだのである。

b　原子論

エンペドクレスに続いて、アナクサゴラスは、元素が四つではなく、無数にあると考えた。パルメニデスがいうように、有らぬものから有るものが生じないならば、「有るもの」として無数の種子を想定する必要がある。アナクサゴラスはいう。《生成と消滅ということについて、ギリシア人たちは正しい考え方をしていない。なぜなら、いかなる事物も生成することもなければ、消滅することもないのであり、現に存在している諸事物がもとになって、一つに混合したり分解したりしているからである。したがって、「生成する」というところを「一つに混合する」と言い、「消滅する」というところを「分解する」と言えば、正しい呼び方になるであろう[24]》。

アナクサゴラスの考えでは、無数の種子があり、どれもその反対の要素をふくんでいる。《一切のうちに一切がある》。つぎに、メリッソスはこう考えた。《もし事物が多であるならば、それらは一者(有るもの)と同じ本性のものでなければならない》。このような考えの延長上に、原子論が生まれた。
それ以上分割できない、同一の要素である無数の原子《アトム》を考えたのは、レウキッポスが最初である。彼はまた、原子が運動する場としての空虚を導入した。彼はもともとエレアの人で、ゼノンの弟子であった。したがって、彼がいう空虚は、空虚(有らぬもの)は有らぬというパルメニデスの考えを踏まえた上でのものだ。パルメニデスが否定したのは、空虚からの世界生成というピタゴラスの考えである。一方、レウキッポスは空虚を、充実体としての原子が運動する場であると考えた。原子は生成することも消滅することもない。それらは空虚の中を運動し、相互に衝突しからみあうことによって、万物を形成すると考えられる。(25)こうして、レウキッポスはパルメニデスの考えを保持しつつ、多元的な世界を考えたわけである。彼の弟子、デモクリトスはこの考えを発展させた。彼の考えでは、生成と消滅はアトムの結合と分解にもとづくものであり、性質変化はその配列と向きによるのである。

エンペドクレスは、四元素の組み合わせで万物を説明できると考えた。それに比べて、無数の原子の運動を考えた原子論者は、一歩進んでいるようにみえる。しかし、エンペドクレスは四つの元素(基本要素)だけを考えたのではない。アエティオスはつぎのように指摘している。《エンペドクレスとクセノクラテスは、基本要素をより小さな塊の結合からなるとしている。それは極小のもので、いわば基本要素の基本要素である》(26)。つまり、エンペドクレスは四元素よりも小さな原子を考えていたのである。では、彼はなぜ原子論に向かわなかったのか。原子論から見ると、エンペドクレスのような見方は不徹底なように見える。しかし、原子論によって、エンペドクレスの見方が斥けられるわけではない。

物理学は今日にいたるまで、「原子《アトム》」、つまりそれ以上分割できないものを求めて進んできた。一九世紀にドルトンが原子と呼んだものから、原子核（陽子、電子、中性子）へ、さらに、素粒子へ。つまり、一度「アトム」と見なされたものも、さらに下位にある「アトム」の結合としてとらえられるようになる。だが、より基層にアトムが見出されるとしても、それ以前に「原子」あるいは「元素」と見なされたものが否定されるわけではない。

たとえば、分子は原子の結合によって存在するが、原子に還元されてしまうわけではない。物は分子レベルにおいて、原子レベルとは異なる性質をもつ。もっと根源的なアトムのレベルに到達することができたとしても、それぞれのレベルに存する固有性を無視することはできない。そう考えると、エンペドクレスの四元素論は、原子論からみると不徹底にも見えるが、逆に、原子論では解けないような何かをとらえようとしているともいえる。

このことはむしろ、原子論を自然哲学としてではなく、社会哲学として見るときに重要となる。今日において、アトミズム（原子論）、すなわち、個体から全体を説明する理論は、社会哲学の主流である。それに対して、ホリズム、すなわち、個体に対する全体の先行性を主張する観点からの批判がある。さらに、これに加えて、ヘーゲルのように、個と全体の弁証法的な相互規定を見る観点がある。これらはいずれも、個と全体を対立するものとしてとらえている。

しかし、ここには、個と個が関係するような次元が欠落している。個と全体という観点そのものが、個と個の関係によって成り立つような構造を無視させるのだ。このような思考回路にあるかぎり、社会を歴史的に把握することができない。たとえば、私は本書において、四つの交換様式の結合と分離において、社会史を見ようとしている。それは、全体と個という観点から社会を見るのではなく、個と個が関係する諸形式をもとにして社会構成体を見ることである。私が特にエンペドクレスの考えに興味を抱くのは、このためである。

c　ポリスからコスモポリスへ

一般に、ギリシア哲学の歴史は、パルメニデス以前と以後に分けられる。しかし、実質的に違いがあるのは、エンペドクレスとそれ以後である。そのことを見るには、政治的な差異を見なければならない。先に述べたように、パルメニデスは、その弟子ゼノンが民主化のために命を賭けたことから推測できるように、急進的な民主派であった。同様に、エンペドクレスは、イソノミアを実現すべく活動した。

プルタルコスは書いている。《エンペドクレスは、傍若無人で共有財産を横領していた指導的立場の市民たちを告発して、〈放逐し〉、また、南風がそこを通って平地へと吹きわたってきていた山の峡谷を遮断して、町を凶作とペストから救ったのである(27)》。エンペドクレスは万能の人であったと伝えられる。《彼は医者でもあったし、また、きわめてすぐれた弁論家でもあった。事実、レオンティノイの人ゴルギアスは彼の弟子であったが、この人は弁論術において卓絶した人であったし、『弁論術教程(テクネー)』という書物を後世に遺した人なのだからと。……また、このゴルギアスは、サテュロスによれば、エンペドクレスが魔術を行なっていたところに、自分自身も居合わせていたと語っていたという(28)》。

エンペドクレスには、以上のように、神秘的な伝承が非常に多い。たとえば、不治とされた病気を治した、夜中に天から途方もなく大きな声が彼に呼びかけた、神となったという自分に関する評判を確固とするために、エトナ火山の噴火口に飛び降りた、……など(『ギリシア哲学者列伝』)。その真偽はともかくとして、この種の逸話が多いことは、エンペドクレスが民衆に人気があり、預言者のように畏敬されていたことを示すものである。それはまた、エンペドクレスがヘラクレイトスやパルメニデスと同様、隠遁者ではなくポリスの思想家であったことを証している。

しかし、エンペドクレス以後、デモクリトスにいたる思想家たちは、もはやポリスに立脚することがなかった。それは、個々人の選択によるものではない。ペルシア戦争以後、アテネが一種の帝国として君臨するようになり、各ポリスの自律性が内的・外的に他うしなわれたことと関係がある。それまで、思想家はそれぞれのポリスにいながら、他のポリスの思想家と交流していたが、もはやそれができなくなった。彼らは、ギリシア政治経済の中心地アテネに出向いた。もちろん、そこでもポリス(政治)に関与することはありえなかった。彼らの多くは知識を売る商人として活動したのである。

もともとイオニア系の思想家は、植民者の子孫であり、自らも移動したので、たんにそこに生まれたという理由から、一つのポリスにこだわることはなかった。彼らがこだわったのは、彼らが選んだポリスがその選択に値するものとしてあることだった。そのためなら、彼らはポリスに忠実に生き、命をかけてポリスを守ろうとした。ゼノンが僭主に抵抗して死んだ逸話も、それを示すものである。これまで見てきた、ヘラクレイトス、パルメニデス、ゼノン、エンペドクレスはそのような思想家である。

だが、彼らがそうしたのは、まだそうすることが可能であった時代である。アテネが覇権を握った前五世紀半ばから、各ポリスの自治は有名無実となった。そして、イオニア系の思想家は政治的中心であるアテネに集まるようになったが、非ポリス的＝非政治的となった。そこでは、外国人は市民となりえなかったからである。彼らはコスモポリタニズムと個人主義の傾向を強めた。原子論(アトミズム)が支配的となったのはそのためである。それは、個人を、ポリスにおける社会的関係から離れて、より広い空間(コスモポリス)においてみる見方であるから。デモクリトスはいう。《賢明な人にはどの土地も踏破しうるものである。というのも全世界が善き魂の祖国であるから(29)》。

他方で、それは個人を他の個人との社会的関係において考えること、つまり、ポリス的＝政治的な思考を不可能にする。このとき個人がなしうるのは、現実に深くコミットしないようにすること、したがって懐疑主義的であることである。アテネにおいて、ソフィストと呼ばれた外国人は一般にこのような態度をとった。また、個人がなしうるのは、外的なものに対して無頓着となり、自分の精神を平静に保つことである。このような態度は、アテネがアレクサンドロスの築いた「帝国」に従属するにいたったのち、一般的な思潮となった。すなわち、ストア派やエピクロス派の哲学である。ストア派は、知者は政治に参画すべしという原理をもっており、事実、小カトー、セネカ、マルクス・アウレリウスなどの政治家を輩出している。しかし、彼らは根本的に非ポリス的＝非政治的であった。帝国の政治に従事しつつ、それに揺るがされることなく精神を平静に保つことを目指すことが、彼らの哲学であったからだ。

第五章　アテネ帝国とソクラテス

1　アテネ帝国と民主政

ここまでに私は、ギリシア思想史をイオニアないしイオニアからの植民によって築かれたイタリアのポリスの側で考えてきた。ここで、アテネの側からそれを見ようと思う。すでに述べたように、アテネの民主化はイオニアより遅れていただけでなく、最初からイオニアの政治思想の影響下にあった。たとえば、ソロンの改革(前五九四年)はイオニアにあったイソノミアの原理を取り入れようとするものであった。だが、イソノミアは社会が階級的に分解しているときには成立しない。ソロンの改革は貴族階層の反対によって妨げられた。

このとき、貴族階級を暴力的に制圧したのが、ペイシストラトスによる僭主政である。一般には、僭主政が完全に終わり、前五〇八年にクレイステネスの改革がなされた時点で、アテネにデモクラシーが始まったと考えられている。しかし、デモクラシーと僭主政の関係に留意すべきである。デモクラシーが僭主政の打倒によって始まることは確かであるが、両者の関係はそう単純ではない。たとえば、僭主ペイシストラトスは、貴族階級の特権を抑える者として大多数の無産者階層に歓迎された。もしデモクラシーが

「多数者支配」であるなら、それは僭主政というかたちで実現されたのである。

むろん、厳密にいえば、デモクラシーは、僭主が取り除かれたときに成立する。しかし、僭主が先行することなしには、デモクラシーはありえない。そして、デモクラシーはイソノミア(無支配)ではなく、あくまで支配(クラシー)の一形態である。したがって、僭主を倒した人々は、多数者支配から、再び多数派に支持される僭主が出てくる可能性があることを承知していた。クレイステネスの改革は、そのような認識を証すものである。彼らは僭主が再び登場することがないように、さまざまな防禦策を考案したのである。

第一に、公務に関して抽籤制を採用した。これによって行政上の権力独占が防がれる。しかし、将軍に関しては、抽籤制はありえない。凡愚な将軍に任せて、戦争に負けたら、元も子もないからだ。が、将軍として活躍した者には、大衆の人気が集まることは避けがたい。それに対して、同時に複数の司令官を任命し、手柄を独占できないようにし、また、将軍の業績を厳しく審査した。にもかかわらず、そこから執政者となる有力人物が出現することを妨げることができなかった。そこで採用されたのが、オストラシズムというシステムである。それは陶片を用いた無記名投票によって、僭主になる恐れのある有力な人物を、一〇年間(後には五年間)国外追放するものだ。

このようなシステムは、デモクラシーが僭主政に後退することを避けるために考案されたものである。にもかかわらず、それを阻止することができなかった。僭主ではないとしても、たえずデマゴーグ(民衆煽動家)が出現したからである。また、ペロポネソス戦争(前四三一年)の敗戦時には、「三〇人僭主」のように、複数の者による専制政治が生じた。なぜそれを避けられないのか。それは、デモクラシーの根底に僭主政があるからだ。したがって、デモクラシーが危うくなると、僭主政が生じるのである。

つぎに、デマゴーグや「三〇人僭主」がペロポネソス戦争の時期に出現したということは、デモクラシーが一国だけの問題ではありえないということを意味する。アテネにおけるデモクラシーの確立過程は、アテネが他のポリスへの「支配」(=クラシー)を確立していった過程と切り離すことができないのだ。この過程を、アテネとイオニア諸都市との関係から見てみよう。

イオニア諸都市はペルシアに対して共同で反乱を企てたとき、軍事的強国であったアテネに援助を乞うた。しかし、アテネがそれに十分に応えなかったため、壊滅的な敗北を喫した。その後、アテネはペルシアとの全面的な戦争に踏み切り、その勝利によってペルシアに占領されていたイオニアの諸ポリスを解放した。さらに、ペルシアに対抗して設立されたデロス同盟の盟主となった。そこには二〇〇近い加盟都市があった。これは「同盟」とはいうものの、現実には、アテネが他のポリスを支配し、公租を徴収するような一種の「帝国」となったのである。

以後、他のポリスのアテネへの離反、さらにそれに対する鎮圧などの抗争が続き、最終的に、スパルタの下に結集した反アテネ勢力との間にペロポネソス戦争が勃発したのである。前四〇四年、この戦争での敗北によって、「アテネ帝国」の時代、あるいは、アテネにおける政治・経済・文化の全盛期は終わった。

ここからふりかえると、アテネにデモクラシーが確立されたのは、ペリクレスが指導者としてペルシア戦争に勝利した時期であるが、それは、アテネが「帝国」となっていった時期でもあることがわかる。ペリクレスは、外国生まれの者が市民になれないような法律を制定した。それまでは外国人がアテネ市民になることが少なくなかったが、以後、アテネは排他的な共同体となったのである。このことと、アテネが他のポリスを支配し、且つ寄留する外国人を収奪するようになったこととは切り離せない。

ここで、「アテネ帝国」に関して一言付け加えておきたい。アーレントは帝国と帝国主義をつぎのように区別した。(1) 帝国は多民族を統治する原理をもっているのに対して、帝国主義は、国民国家あるいはポリスが、そのような原理をもたずに、自らを拡張するときに生じる。たとえば、ナポレオンが目指したヨーロッパ帝国は国民国家の延長としての帝国主義であり、それは逆に、多数の国民国家をもたらす結果に終わったのである。

むろんアーレントは帝国主義を近代の資本主義国家の問題として考えたのだが、ある意味で、彼女の考察はペリクレス時代のアテネにもあてはまる。そこでは、排他的な地縁的一体性が強調された。それは氏族社会以来の血縁的関係や対立を越えるものであり、ある意味で〝ネーション〟の形成として見ることができるのである。

　したがって、そのようなアテネが拡大し、他のポリスを統治しようとしても、それは帝国主義的となるほかなかった。「帝国」の原理をもたなかったからである。それと対照的に、ペルシアは「帝国」であった。それは諸民族を征服したが、一定の服従と貢納を課すほかに内政に干渉しなかった。また、帝国は常備軍・官僚の装置をそなえていた。しかし、アテネはペルシアに戦勝し、支配領域を拡張しても、そのような「帝国」にはなりえなかった。

　アテネが覇権を握るまで、ギリシアのポリスは、互いに戦争しつつも、ゼウス神を仰ぐオリンピア競技会が示すように、ゆるやかな連合体として存在していた。基本的に、どのポリスも対等であった。その中で、一ポリスが支配者としてふるまうとき、それは帝国主義的でしかなく、当然他のポリスの反撥を招かざるをえなかった。それがペロポネソス戦争に帰結したのである。もちろん、この戦争に勝利したスパルタも、その後に覇権を握ったテーベも、ギリシア全体を統合することはなかった。スパルタはもともとメッセニア人を奴隷にしていたので、その反乱をつねに警戒して厳しい軍国主義体制をとっていた。実際、メッセニア人が独立するとともに、スパルタ国家は崩壊したのである。

それゆえ、ギリシアの内部から「帝国」は出現しなかった。ギリシア世界を「帝国」として統合したのは、マケドニアの王、アレクサンドロスであった。これはヘレニズム(ギリシア化)といわれるが、このような帝国の原理は、ギリシアではなくアジアに由来するものである。事実、アレクサンドロスはペルシアに代わってエジプトを支配し、ファラオとして迎えられた。

そのような観点から見ると、アテネにおけるデモクラシーのあり方が、他のポリスあるいは外国人との関係の変化と密接につながっていることがわかる。たとえば、ペリクレスは、デロス同盟への各国の納税金を流用して、アテネ市民に議会出席の日当として分配した。つまり、アテネの「直接民主主義」は、他のポリスを支配し収奪することに依存していたのである。帝国主義的な拡張こそがアテネ民主政の基盤となった。したがって、民主派は他のポリスに対して侵略的であり、門閥(貴族)派はむしろ、他のポリスに対して、慣習どおり対等な関係を維持することを望んだ。彼らはペロポネソス戦争の渦中にあっても、たえず和平を求めようとした。(2)

また、デモクラシーの確立が奴隷制の発展につながったことにも留意すべきであろう。すでにソロンの改革以来、アテネ市民は債務奴隷になることを免れていたが、先にも説明したとおり、アテネの民主政には、つぎの理由で、奴隷が不可欠であった。アテネの軍は武器自弁の市民による密集戦法にもとづいており、それが貴族に対する民主派の優位の根拠となった。特に、ペルシアとの戦争において自発的に戦艦の漕ぎ手となった下層市民の貢献が、彼らの政治力を強めた。その結果、デモクラシーが確立されたのである。だが、市民は農業労働をしていては、民会にも出られないし、戦争にも行けない。だから、アテネの市民であるためには、奴隷をもつ必要があったのだ。市民の多くは奴隷を農場で働かせるだけでなく、銀山に貸し出して金を得た。したがって、アテネの直接民主主義の発展は、奴隷制生産の発展と不可分である。

さらに、アテネは政治的・軍事的な中心であるがゆえに、地中海における交易の中心ともなった。それはミレトスなどイオニアのポリスにとってかわるものであった。しかし、アテネの市民は商業には従事しなかった。それを外国人に任せ、課税したのである。外国人はいかに経済的に貢献しようと、市民にはなれず法的な保護も受けられなかった。(3) このように、アテネの民主政は、他のポリス、外国人、そして、奴隷からの収奪にもとづいて成立したのである。

2 ソフィストと弁論の支配

アテネは、デモクラシーの確立とともに、弁論が優位におかれる社会となった。武力(軍事)や呪力(宗教)ではなく、言葉《ロゴス》による支配が定着したのである。これは、むろん、ポリス内部だけのものである。また、武力や呪力が消えたわけではない。ただ、民会であれ法廷であれ、公的な活動が弁論にもとづくようになると、人々は弁論の技術を必要とするようになった。裕福な市民は子弟にそれを勉強させたのである。しかし、このことに関して、ほとんど問われない問題がある。それは、なぜそのような弁論術の教師が外国人なのか、である。

この時期のアテネは政治的・文化的に最も発展したポリスだと考えられている。が、それなら、弁論術などの教師が主に外国人であるのはなぜなのか。これはアテネが政治的・経済的に強国となったとはいえ、言論や思想においてははるかに遅れていたことを意味する。アテネの人々はそれを、イオニアやそこからの植民者が築いた南イタリアの諸都市からやって来た人々から学んだのである(4)。

プラトンの『ゴルギアス』では、弁論術は他人を説得する技術であり、それによって「支配」する技術であると述べられている。そして、それを教えるのがソフィストである、と。しかし、弁論をたんに支配のための技術だとみなしたのは、ソフィストではなく、アテネ市民である。彼らは外国人から「技術」としての弁論術以上のものを、何も学ぶ気はなかったのだ。

弁論が他人を支配する手段となるのは、デモクラシー（多数派支配）の下においてである。しかし、弁論が発展したイオニアでは、それは他人を支配する技術ではなかった。

法廷であれ民会であれ、弁論は討議において不可欠であったが、それは共同的な吟味《エレンコス》の手段であった。それはまた、自然探究の方法でもあった。

先述したように、エレア派の特徴と見える間接証明のような弁論は、すでにミレトス派にも見出される。つまり、そこでは、弁論は他人を支配する技術ではなく、人間をふくむ自然認識のための方法であった。対照的に、アテネ人は自然認識や技術開発には無関心であった。アテネで重んじられたのは、公的な活動において、他人を説得し服従させる技術だけである。それが人間支配のための技術としての弁論術である。エレア派の論法も、ここでは、人を論駁し翻弄する技術として利用されたのである。

また、外国人もアテネでは「技術」以上のことを教えなかった。外国人が市民(公人)として活動することはありえなかったし、ポリス内部の政治に関与することは危険であったからだ。彼らは、ペリクレスの友人であったアナクサゴラスが、太陽は燃える石だといったために瀆神の罪に問われたことを忘れなかった。この事件はむしろペリクレスに対する政治的陰謀によるものであったが、外国人の思想家にはその種の咎で弾圧される危険がいつもあったのだ。彼らが述べたのは、プロタゴラスがそうであったように、せいぜい懐疑主義・相対主義的な意見であった。

たとえば、ヒッピアスはこう述べている。《私の考えではフィシスにおいては君たちは同胞であり親友でありことごとく同市民であるが、ノモスにおいてはそうではない。

なぜならば似たものは似たものにフィシスにおいては同族であるが、ノモスは人々のタイラントであって、多くの反自然的なことを強制するからである》。奴隷制や帝国主義はフィシスに反する。これは、イオニアの自然哲学がはらむ自然法的思想である。プロタゴラスにしてもゴルギアスにしても、同じようなことをいいえただろう。しかし、それがアテネ帝国主義にとって危険な思想であることは明白であり、彼らもそれを積極的に説いてまわったりはしなかった。そのかわり、もっぱら弁論術のように実用的な知識を教えた。その結果、重宝される反面、たんなる技術屋として軽視されたのである。

ソクラテスはつぎのような理由で告訴された。《ソクラテスは、国家の認める神々を認めないで、他の新奇なる神霊のたぐいを導入するという罪を犯している。また青年たちを堕落させるという罪も犯している。よって死刑を求刑する》[5]。このため、ソクラテスはソフィストだといわれたのだが、ソフィストと呼ばれた外国人らはむしろ、そのような疑いをかけられることを避けた。彼らはアテネの政治や慣習に介入しなかった。ゆえに、彼らの言動がアテネ市民に影響を与えたとはいえない。アテネの市民のほうが彼らの言説を都合よく利用したのである。

プラトンは『政治家』で、アテネの政治家はソフィストから学んだというより、彼らこそがソフィストなのだ、といっている。また、『ゴルギアス』では、代表的なソフィストと見なされるゴルギアスを俎上にのせながら、彼を謙虚で控えめな人物として扱っている。たぶん実際にもそうだったのだろう。ここで、ソフィスト的議論をまくし立てるのは、アテネ人の若者カリクレスである。彼は傲然と「強者の正義」を説く。フィシスは、天賦の素質、自然的な衝動、権力意志であり、法、宗教、道徳のようなノモスは、弱者が強者を支配するための手段にすぎない、と。(6) これは、ソフィストのヒッピアスが「フィシスとノモス」という区別によって述べたことを完全に逆転するものである。

カリクレスのような考え方は、アテネに「帝国主義」的な傾向が強まったことを反映している。アテネの中で言論によって権力を握ること、また、他のポリスに対して武力によって蹂躙することが「フィシス」であり、それを抑制させる法、宗教、道徳などは「ノモス」にすぎない、というわけである。つまり、「強者の正義」と「リアル・ポリティックス」をうそぶくのは、外国人のソフィストではなく、ソフィストから弁論術を学んだ、アテネの支配層の子弟なのだ。したがって、プラトンは、「ソフィストが若者たちを毒している、という人たちが最大のソフィストだ」というのである。(7)

そのような若者の代表が、ペリクレスの近親であったアルキビアデスである。彼は主戦派としての帝国主義的言論によって大衆の喝采を浴びた典型的なデマゴーグである。彼はシケリア遠征軍の将軍に選ばれたが、ヘルメス像を破壊する瀆神行為のかどで本国からの召還命令を受けた。そのとき、こともあろうに、敵国スパルタに亡命し、今度はアテネを倒すことに貢献し、その後にアテネに帰還したという、とんでもない人物である。

アルキビアデスはソクラテスが可愛がった弟子であった。そのことが、ソクラテスが告発される理由の一つになったといわれる。「青年たちを堕落させた」といわれるのはそのためである。しかし、アルキビアデスのような青年が出てきたのは、ソクラテスのせいではない。かといって、ソフィストのせいでもない。彼らの誰もこのようなことを教えはしなかった。アルキビアデスのような人物は、帝国主義的となったアテネ社会そのものの「堕落」から生まれたのである。

3　ソクラテスの裁判

ソクラテス裁判の前提として、つぎのような事実を確認しておこう。前四三一年からペロポネソス戦争が続いていたが、幾度もスパルタ側からの講和の申し入れがあった。それを蹴って戦争を続けたのはアテネであり、それも、民衆の支持を得た好戦的なデマゴーグ(クレオンやアルキビアデス)である。アテネを没落に導いたのは彼らである。アテネの敗色が見えた中で、前四一一年「四〇〇人の支配」体制ができた。これは四〇〇人の上層市民からなる評議会に全権を委ねる寡頭政である。しかし、翌年には、民主政が復活した。前四〇四年、ついにアテネが降伏したため、スパルタ軍の監視の下に、二度目の寡頭派政権が生まれた。それは「三〇人僭主」と呼ばれ、多数の民主派を殺害する恐怖政治であった。が、国外に逃れた民主派が反攻し、翌年、両派の和解によって、民主政が復活した。しかし、和解協定があったため、「三〇人僭主」に加担した者やそれ以前にスパルタ側についていた者はその罪を問われずにすんだ。

ソクラテスが告発されたのは、前四〇三年に復活した民主政の下であった。彼を告発したのは、アニュトスであったが、その背後にこれまでのアテネの政治過程がひそんでいる。彼らは「三〇人僭主」の指導者クリティアスを糾弾したかったのだが、和解協定があるためできない。そこで、かわりに彼らの師であったソクラテスを告発したのである。ソクラテス自身は「三〇人僭主」への協力をかたく拒んだ。また、ソクラテスに忠実な多くの民主派の弟子たちは亡命している。ここから見ると、ソクラテスの告発が政治的な陰謀であったことは明らかである。ディオゲネス・ラエルティオスはソクラテスについてこう述べている。

彼はまた志操堅固な人であり、民主派に好意をよせていた。そのことは、クリティアス一派の者がサラミスの富豪レオンを、死刑にするために彼らのもとへ連行してくるようにと命令したとき、彼がその命令に屈しなかったことからも明らかであるし、また例の(アルギヌゥサイ島沖海戦の件で告発された)十人の軍事委員のために彼ひとりが無罪の投票をしたことや、さらに、彼は牢獄から脱出することができたのに、そうしようとはしなかったこと、また彼のために嘆き悲しんでいる人たちをたしなめて、獄の中にありながらも、あのような最も美しい言葉の数々を残したことなどからも明らかである(8)。

だが、ソクラテスは民主派であったとはいえない。「彼ひとりが無罪の投票をした」のは、民主派が政権についていた時期なのだ。むろん、彼は貴族派ではなかった。貴族派である「クリティアス一派の者」の命令を拒否したからだ。最後に、ソクラテスを告訴し有罪にしたのは民主派であった。ソクラテスの言動は、民主派にとっても貴族派にとっても謎であった。そして、最大の謎は、ソクラテスが、政治的な罠であることが明白であった裁判から、さらには死刑執行から逃れようとしなかったことである。

それは先ず、同時代人にとって謎であった。プラトンやクセノフォンだけでなく、多くの「ソクラテス文学」が書かれたのはそのためである。彼らはこぞって、ソクラテスが無実の罪に問われたことを主張した。実際、のちに、ソクラテスが冤罪を蒙ったことが明らかとされ、告発者が処刑されている。しかし、それによって、謎が解明されたわけではない。ソクラテスとは何者なのか。彼は哲学者でありながら、著作を一つも遺さなかった。彼はまた、ペロポネソス戦争に三度出陣し活躍した屈強な男であり、同時に、和平派でもあった。ソクラテスという人物の謎は、むしろ死後に深まったのである。

当初、ソクラテスを弁護する者は、彼をソフィストから区別しようとした。彼がソフィストとして糾弾されたからである。たとえば、ソクラテスは教えることから金を得なかった。ゆえに、ソフィストではない、というような弁護がなされる。ソフィスト＝弁論術を教えて金を得る者と定義するならば、確かにソクラテスはソフィストではない。しかし、ソクラテスは教えて金を得ることをしなかったにもかかわらず、代表的なソフィストだと見なされていた。アリストファネスの『雲』に出てくる〝ソクラテス〟は、この時期、四五歳ごろと想定されるが、当時の喜劇で風刺対象となるほどだから、ソフィストとして有名であったことは疑いない。そして、それは彼が金をとらなかったこととは無関係である。

この喜劇では、ソフィストとは、第一に、〝弱い論を強くする〟技術を教える者を意味する。『雲』の主人公がソクラテスに入門したのは、そのためである。つまり、借金を踏み倒す弁論の仕方を習いに行ったのだ。ソクラテスは、主人公にとって余計なわけのわからぬ勉強をさせはするが、金はとらない。だから、金をとらないことは、ソフィストという烙印を免れさせるものではない。第二に、ソフィストとは、神々を否定し、慣習的な道徳を破壊し、青少年を堕落させる者である。この劇では、〝ソクラテス〟はイオニアの自然哲学、とりわけ、空気に始原物質《アルケー》を見たアナクシメネスの理論に凝っているようである。〝ソクラテス〟は、これまでゼウスの神の仕業だと思われていた、雨、雷鳴、稲妻などの現象を、雲の作用として説明した。ゆえに、「雲」こそ新時代の神であり、働かずに自分の知恵だけで暮らす人たち、つまりソフィストたちの守護神である、というのが、アリストファネスの風刺なのである。

ソクラテスが告発された理由は、彼に対する以上のような世間の見方と同じである。要約すると、それは以下の三つである。第一に、ポリスが認める神々を認めない。第二に、新しい神(ダイモン)を導入している。第三に、若者たちを堕落させている。このような嫌疑は、まったく無根拠なのではない。たとえば、クセノフォンは、ソクラテスがアテネの慣習的な儀礼に忠実であったと弁護する。しかし、それは彼がソフィストでないということにはならない。ソフィストと呼ばれる外国人らは、神々を否定し慣習的な道徳を破壊し青少年を堕落させると疑われるようなことを注意深く避けた。しかるに、アテネ市民であるソクラテスはそれを避けなかった。もしそのような振る舞いをする者がソフィストであるとすれば、ソクラテスこそソフィストであった。だから喜劇にも取り上げられたのである。また、ソクラテスが新しい神を導入したという嫌疑に関しても、まったく無根拠なのではない。あとでいうように、彼はダイモン(精霊)の合図にしたがって行動したことを公然と語っていたからである。

しかし、ソクラテスが人々の目に、アテネの社会規範に対して最も挑戦的な存在として映ったのは、告訴にあったような理由からではない。根本的な理由は、彼がアテネにおいて、公人として生きることの価値を否定したことである。ソクラテスによれば、ダイモンは彼が「国事をなすこと」に反対した。《むしろほんとうに正義のために戦おうとする者は、そして少しの間でも、身を全うしていようとするならば、私人としてあることが必要なのでして、公人として行動すべきではないのです(9)》。

このようなダイモンの合図は前代未聞の異様なものであった。アテネというポリスでは、市民とは公人として国事に参与する者を指す。公人として行動することが、万事の前提になっている。私人であることは非政治的である。ゆえに、公人となりえない者、たとえば、外国人、女、奴隷は、非ポリス的＝非政治的存在である。アテネにあって、「徳」とは、政治能力、つまり、公的な場で上手に言論《ロゴス》を操る技術である。富裕市民が子弟にソフィストから弁論術を習わせるのは、そのためである。しかるに、ソクラテスはそのようなことに関心をもたなかった。《金銭を儲けるとか、家業をみるとか、あるいは軍隊の指揮や民衆への呼びかけに活動するとか、その他にも、国家の要職につくとか、また徒党を組んで、騒動を起すとかいう、いまの国家社会に行なわれていることには、関心をもたなかった(10)》。

しかし、それは「公的な」事柄あるいは「正義」にかんして無関心となる、ということではない。また、ソクラテスが私人にとどまったのは、公人として活動すれば「身を全う」しえない、からではない。ソクラテスは戦場での活躍や最後の自死が示すように、死を恐れる人ではなかった。その上、ダイモンの合図は彼に何かを禁じるが、その理由を説明することはしない。しかも、ダイモンはソクラテスが正義のために戦うことを禁じたのではない。ただ、それを公人として戦うことを禁じたのである。この禁止は、ほんとうに正義のために戦うことは、公人としてではできない、ということを含意するのである。この禁止に従うとき、ソクラテスはアテネで一般に承認されている価値、つまり、公人として活躍し政治的指導者となることを否定することになる。それはまた、そのための「徳」を貶下《へんげ》することになる。

ソフィストが金をとって弁論術を教えたのに対して、ソクラテスは金をとらなかった。それは彼が富裕なアテネ市民だったためではないし、また、知識を与えて金を得ることを「売春」的なものとして軽蔑したためでもない。もともと彼は、市民にとって必要な技術を教えているわけではないから、金をとる資格がないのだ。外国人が教える弁論術は、民会や法廷で活動するために必要な技術(使用価値)である。それによって対価を得ることは正当な交換である。

ソクラテスは、民会や法廷で活躍し権力を得るということを、価値とは見なさなかった。彼が教えるのは、公人として活動するための技術ではなく、むしろ、それを断念させてしまうような考えである。「青年を堕落させる」とは、むしろそのことである。一方、ソフィストは、公的な権力を得ることに価値をおくアテネ市民の常識をくつがえすことはしなかった。したがって、ソクラテスに対して反感をもつにせよ、敬意を抱くにせよ、アテネ市民にとって不可解であったのは、彼のそのような振る舞いの理由であった。

4　ソクラテスの謎

ソクラテスの謎は、公人となることなく、政治的に「正義のために戦う」という、彼の姿勢にある。これは背理である。私人であることは、非政治的であることだから。ソクラテスはこの背理を生きた。それが彼の生き方あるいは死に方を謎めいたものにしたのである。そのことは、彼の弟子たちが抱いたソクラテスのイメージにもあらわれている。

一つは、プラトンやアリストテレスによるものである。それに、クセノフォンを加えてもよい。それは、ポリスにコミットするソクラテスの姿勢を受けつぐものである。もう一つは、ソクラテスの古参の弟子であり、キュニコス派(犬儒派)の創始者であったアンティステネス、そしてその弟子ディオゲネスなどによるものだ。これはソクラテスにあった私人としてふるまう姿勢を受けつぐものである。前者が大ソクラテス派と呼ばれるのに対して、後者は小ソクラテス派と呼ばれた。一般には、大部分の著作で〝ソクラテス〟を登場人物としたプラトンの影響力が強いため、ソクラテスはプラトンの描いたような人であると考えられている。しかし、ソクラテスはむしろ小ソクラテス派のほうに似ている。

ソクラテスがもたらしたのは、公人であることと私人であることとの価値転倒である。それは先ず、私人であることを公的＝政治的なものに優越させることである。キュニコス派と呼ばれたソクラテスの弟子たちは、このような価値転倒を遂行した。ただ、ディオゲネスのような外国人は、公人として生きることをわざわざ断念する必要はなかった。公人となれない者は、もともと「犬」のような存在であった。だが、ディオゲネスはたんに「犬」であることに甘んじたのではない。ディオゲネス・ラエルティオスの『ギリシア哲学者列伝』によれば、ディオゲネスは、彼を犬のように扱った者に、犬がするように小便を引っかけまわった。彼はまた物乞いをし、道端の樽の中に住んだ。

このように徹底的に私的＝犬的であることによって、ポリスにおける公的であることの価値をスキャンダラスに否定するキュニコス派の思想は、ポリスを志向するプラトン派に対抗するものとなりえた。また、それはポリスの独立が失われつつあった時期、人々にいかに生きるべきかを提示するものであった。ディオゲネスは、どこの市民かと問われて、「おれは世界市民(コスモポリスの市民)だ」と答えた、といわれる。

キュニコス派は、ギリシアの全ポリスがアレクサンドロスの帝国の下に従属しはじめた時期に、人気を博した。アレクサンドロス大王がディオゲネスの前に立って、何なりと望むものを申してみよ、といったとき、彼は、どうか私の前に立って日射しをさえぎらないでほしい、といったといわれる。しかし、キュニコス派の抵抗が有効だったのは、まだポリスが栄えた時代の名残《なごり》があった時期であった。帝国の支配の下でポリスが一層無力化すると、プラトン派もキュニコス派も共に無力となった。その後、キュニコス派を受けつぐかたちで、エピクロスやストア派のゼノンがあらわれた。彼らはもはやキュニコス派のように挑戦的ではなかった。彼らは、ギリシアのポリスが帝国の中の行政単位と化したのちの社会で、「無感動」によって生きることを目指す個人主義的な哲学をもたらしたのである。

一方、プラトンやクセノフォンは公人としての活動を自明とみなすアテネ市民であった。そして、彼らはソクラテスの教えを、彼らがポリスにおいて政治家として活動するための教えとして受けとめたのである。ソクラテスの死後、プラトンはソクラテスにあった一つの面、すなわち、どんなかたちであれポリスに関与するということを、彼なりに追求した。彼は対話編において、イデア論や哲人王などの考えを〝ソクラテス〟に語らせた。それは虚構のソクラテスを創造することである。しかし、それはまったくの曲解とはいえない。ソクラテスは「公人」にはけっしてならないが、たんなる「私人」にとどまることもなかったからだ。彼はポリスの中で、私人としてではあるが、「ほんとうに正義のために戦う」ことを続けたのである。このようなソクラテスにもとづいて、プラトンは真の国制《ポリテイア》を考えようとした。

だが、ソクラテスの立場は、ディオゲネスとプラトンの立場のいずれとも違っていた。ソクラテスがいうのは、煎じつめれば、私人でありつつ公的であれ、ということである。別の観点からいえば、それは、ポリスの中にありつつコスモポリタンであれ、ということである。この点で、ソクラテスはキュニコス派に比べてポリス的であり、プラトンに比べてコスモポリス的であった。

ソクラテスがもたらした価値転倒を理解するために参照すべき例は、『啓蒙とは何か』におけるカントの言葉にある。彼は、国家の立場で考え行動することは私的であり、普遍的（世界市民的）であることが公的なのだ、と述べた。それは、真に公的であるためには、国家を越えた私人でなければならないということを意味する。とはいえ、国家（ポリス）を越えたコスモポリスがあるのではない。カントがいわんとするのは、各人が国家の中にありつつ、世界市民として判断し行動せよ、ということである。つまり、カントによる公私の価値転倒は、プラトン的でもディオゲネス的でもない、ソクラテス的なものである。

もう一つの参照例は、初期マルクスの「ヘーゲル国法論批判」にある。ヘーゲルは、政治的国家を市民社会の上においた。市民社会は「欲望の体系」であり、政治的国家はそれを越える理性のレベルにあると考えられる。それは、人々は市民社会では私人であるが、国家において公民(citoyen)となる、つまり、本来的なあり方になる、ということを意味する。マルクスはそれを逆転した。マルクス的にいえば、人々が私人として本来的なあり方をするのであれば、公人である必要はない。マルクス的にいえば、人々が市民社会において「類的存在」であるならば、市民社会の上にあるような政治的国家はもはや必要ではなくなる。いいかえれば、市民社会の中で階級的な対立が解消されるならば、政治的国家は揚棄される、というのである。[11]

このことをアテネにおいて考えてみよう。アテネには「直接民主主義」があった。しかし、それは政治的国家と市民社会の分裂を越えるものではない。アテネの市民社会には深刻な階級対立があり、市民の大多数は貧困層であった。民主政とは、この多数派が国家権力を握り、貴族・富裕者に課税し富を再分配することである。それに対して、当然、貴族・富裕者が抵抗する。この対立が解消されることはない。なぜなら、これは市民社会における経済的不平等を、それを生み出す社会的条件を根本的に変えることをせずに、富の再分配によって解決しようとすることであるから。このような階級対立が外見上解消されるのは、富の源を外国への侵略に求める帝国主義的政策をとる場合である。そして、それを使嗾《しそう》して人気を博するのがデマゴーグである。

アテネにあって公人としてふるまうことは、大衆の支持を獲得し、権力を掌握することを目指すことである。直接民主主義といっても、結局は、指導者が人々を代弁することになる。そこからたえずデマゴーグが出現する。それに対して、ソクラテスは公人として活動することをしなかった。では、彼はアテネの社会をどのように変えようとしたのか。ソクラテスは積極的には何も提案してはいない。しかし、当時自明であった公私の区別や価値づけをたえず疑問に付したのである。

たとえば、彼は、国事と家政、すなわち、公的(政治的)なものと私的(経済的)なものを同位に置いた。クセノフォンによれば、彼はつぎのように述べた。

家政に通じた人々を侮ってはいけない。なんとなれば、個人の業務の経営と公の任務の処理とは、ただ量において異なるのみであって、その他の点では似よったものであり、ことに何より大切なのは、この双方のいずれも人間なくしては行ない得ず、しかも個人の業務を行なう人間と、公務を行なう人間と、決して別々の人間ではないことである。なんとなれば、公の仕事にたずさわる人々が使用する人間は、個人の仕事をいとなむ人々が使用するのとおなじ人間だからである。そして彼らを使用する術を心得ている者は、家事をつかさどっても公務をつかさどっても、立派な成功を収め、心得ていない者はその双方いずれにおいても、失敗をするのである。(12)

またソクラテスはいう。《一つの家の助けにもなれないとしたら、どうしてたくさんの家の助けになり得よう》[13]。彼は、私人としての「徳」と、公人としての「徳」を区別しないのである。さらに、彼は自由民と奴隷の区別もしない。たとえば、自由民の身内が多いので貧窮しているというエウテロスに対して、奴隷と同じように労働すればよいではないか、という。また、ソクラテスはいう。《だが、事実、国家の頭に立って国の仕事の面倒を見る人々は、その仕事のために前よりも奴隷になったとは考えられず、かえって一層自由性を高めたと考えられている[14]》。

こうしてソクラテスは、公人と私人の区別、およびそれと結びついた身分的な価値づけを否定する。ソクラテスとともに、倫理が初めて問われたといわれる。だが、それはソクラテスによって、「徳」が公的なものと私的なものの区別を越えたところに見出されたということ以外ではありえない。それはまた、公人であることと私人であることの亀裂がないような市民社会を示唆するものである。それはただの夢想ではない。そのような社会は現にイオニアにあった。その原理がイソノミアと呼ばれたのである。それに対して、アテネのデモクラシーでは、公的であることそしてそのための「行動（アクション）」がもっぱら尊重され、家政あるいは商工業のような「労働」が一般に軽侮されていたので

ある。(15)

5　ダイモン

ソクラテスを告発した者も擁護した者も、ソクラテスが何を考えているのかよくわからなかった。なぜなら、ソクラテス自身にもそれがよくわかっていなかったからだ。「ダイモンからの合図」に従ってそのように行動した、と彼はいう。また、ダイモンの声のほかにも、神託や夢などから指針を与えられたという。しかも、彼は日頃、そのことを隠さなかったし、法廷でも公然と述べている。

わたしが、私交のかたちでは、いまお話ししたようなことを勧告してまわり、よけいなおせっかいをしていながら、公けには、大衆の前にあらわれて、諸君のなすべきことの審議に参加し、これを、国家社会(ポリス)に提議勧告することをあえてしないというのは、奇妙だと思われるかもしれない。しかしこれには、わけがあるのです。それはわたしから、諸君がたびたびその話を聞かれたでしょうが、わたしには、何か神からの知らせとか、鬼神からの合図とかいったようなものが、よく起るのです。それはメレトスも、訴状のなかに、茶化して書いておいたものです。これはわたしには、子供の時から始まったもので、一種の声となってあらわれるのでして、それがあらわれる時は、いつでも、わたしが何かをしようとしている時に、それをわたしにさし止めるのでして、何かをなせとすすめることは、どんな場合にもないのです。そしてまさにこのものが、わたしに対して、国家社会(ポリス)のことをするのに、反対しているわけなのです。(16)

プラトンが書いた『ソクラテスの弁明』は、他の作品と違って、ソクラテスの実際の発言に即していると見なすことができよう。この法廷には多くの市民がいたので、プラトンが勝手に創作することは許されないからだ。特に、右のような発言は、ソクラテスが新たな神を導入したという訴因の一つを自認することであるから、ほぼこの通りであったと考えてよい。

アリストファネスの『雲』では、〝ソクラテス〟は、ゼウスの名を口にした主人公を、「クロノス時代のにおいがするぞ、原始時代の感覚だ」と嘲笑するような人物として描かれている。では、ソクラテスがダイモンというとき、訴状にあるように、オリンポスの神々にかわって、新たな神を導入したことになるだろうか。実は、ダイモンは、ゼウスなどのオリンポスの擬人化された神々より古い、まさに「原始時代の感覚」に属する。それはむしろアテネの庶民になじみがあるものだった。それに加えて、ソクラテスはアポロンの神託を受け入れたが、それもギリシア人一般が受け入れていたものである。したがって、これらの点で、ソクラテスが新奇であったとはいえない。

ソクラテスの証言は、彼がダイモンのような超自然的な存在を感受する資質の持ち主であることを示している。が、そのような人物は稀ではなかった。ソクラテスが特異なのは、ダイモンの合図の内容が特異だったからだ。そして、その中で最も重要なのは、すでに述べたように、公人として活動することを禁じる指令である。では、ダイモンとは何なのか。たとえば、ヘーゲルは、《これを守護霊や天使の類《たぐい》と考えることも良心と考えることもまちがいです》という。

> 各人はそれぞれ自分自身の精神をもっていますが、その精神がソクラテスには自分の精神として独立にあらわれてくる。ソクラテスのダイモニオン(精霊)の名で知られているものが、それに関連します。……主体の内面が、みずから知り決断しているのですが、この内容がソクラテスではなお特異な形式を取っている。精霊というのは、やはり、無意識の、外的な決断主体で、にもかかわらず主観的なものです。精霊はソクラテス自身ではなく、ソクラテスの思いや信念でもなく、無意識の存在で、ソクラテスはそれにかりたてられています。同時に、神託は外的なものではなく、かれの神託です。それは、無意識とむすびついた知という形態を取るもので、

とりわけ催眠状態によくあらわれる知です。死にそうなとき、病気のとき、強硬症にかかったとき、正常な知性にはまったく見えてこないつながりが見え、未来や現在がわかることがあります。そんなことはありえないとあっさり否定されることが多いのですが、事実、こういう現象はおこるので、ソクラテスの場合には、知と決断と思考に関係し、意識的・自覚的に生じたはずのことが、このような無意識の形式で受けとられたのです。[17]

ソクラテスにあっては、「意識的・自覚的に生じたはずのことが、このような無意識の形式で受けとられた」とヘーゲルはいう。いいかえれば、ソクラテスは、自分自身の決断をダイモンの合図というかたちでしか自覚できなかった、というのである。その真偽はともかく、重要なのは、ソクラテスに到来した考えが「意識的・自覚的」にはけっして把握できないようなものであった、ということである。

ダイモンの合図は、ソクラテスが公人として活動することを否定するが、ポリスあるいは政治から身を引くのではなく、私人としてそのために活動せよ、というものである。この合図は、ポリスを公人と私人の区別がないようなものとせよ、という指令を含意する。先に述べたように、公人と私人の区別がない社会はかつてイオニアにあった。それがイソノミアである。だが、それはイオニア没落後に失われただけでなく、忘れられた。

ただ、イオニア自然哲学の流れの中にかすかに生きつづけたのである。

ソクラテスもそのことを知らなかった。彼は若い頃、イオニア派の自然学を熱心に探究したが、やがてイオニア派になかった倫理や魂の問題を考えるようになった、といわれる。しかし、ソクラテスは、狭義の自然学から離れたとき、かえってイオニア自然哲学の根底にあったものを受けついだのだ。むろん、彼はそれを、「意識的・自覚的」にではなく、ダイモンの合図を通して受けとったのである。どうしてそのような合図が来るのか、ソクラテスにはわからなかった。が、彼はそれに従うことを選んだのである。

私の考えでは、ソクラテスにダイモンの合図として到来したのは、「抑圧されたものの回帰」(フロイト)である。この場合、「抑圧されたもの」とは何か。いうまでもなく、イオニアにあったイソノミアあるいは交換様式Dである。したがって、それが「意識的・自覚的」なものでありえないのは当然である。それはソクラテスにとって強迫的であった。このような人物において、イオニア哲学の根源にあったものが「回帰」したのである。

6　ソクラテスの問答法

アテネの社会には貴族派と民主派の闘争が続いていた。そして、それが残酷なかたちをとったのが、ペロポネソス戦争の時期である。ソクラテスはどちらの陣営にも属さなかった。両派はつぎのような価値観を共有していた。労働は奴隷の仕事である。市民にとって本来的なのは、公人としての活動であり、政治的権力をもつことである。ここでは「徳」は公人としての能力を意味する。ところが、ソクラテスはこの前提そのものに異議を唱えたのである。

ではどうすればよいのか。社会全体を制度的に変えようとすると、民会に行って人々を動かすというやり方、つまり、自ら公人として活動することになる。しかし、このやり方はダイモンに禁じられていた。実際、それではアテネ社会の「前提」を変えることにはならないのである。

ソクラテスがとったやり方は、アゴラ(広場=市場)に行き、誰彼となく市民に話しかけ、問答に巻き込むことであった。《つまり神は、わたしをちょうどそのあぶのようなものとして、このポリスに付着させたのではないかと、わたしには思われる。つまりわたしは、あなたがたを目ざめさせるのに、各人一人一人に、どこへでもついて行って、膝をまじえて、全日、説得したり、非難したりすることを、少しもやめないものなのです》[18]。

注目すべきことは、第一に、彼が民会に行くかわりにアゴラに行ったことである。アゴラには決して公人となりえないような人々、すなわち、外国人、女性、奴隷がいた。

民会にデモクラシーがあるとすれば、アゴラにはイソノミアがある。つまり、アテネでは、アゴラにしかイソノミアはありえなかった、といってもよい。ゆえに、もっぱらアゴラで活動することによって、彼はそうと知らずにイオニア的な思想を回復させたのである。

第二に、ソクラテスはかつて誰もやったことのない方法をとった。それは一人一人との問答である。おそらく、ソクラテスの問答には人だかりができただろう。しかし、彼は聴衆全体に向かって語ることはけっしてなかった。なぜなら、この問答において、ソクラテスは問うだけであり、積極的なことを何もいわなかったからだ。ゆえに、どんなに相手が多くいても、結局一人一人との問答になるのだ。

ソクラテスのやり方はよく知られている。彼は他人の主張に対して、その反対の説を対置することをしない。相手が提示する命題(proposition)に対して、それを肯定した上で、そこから反対の命題が引き出せることを示すだけである。これがソクラテスの問答の特徴である。彼はこのような問答法を、母が従事していた仕事と結びつけて、産婆術と呼んでいた。人に教えるのではなく、人が自ら真理に到達するのを助けることであるから。

しかし、このような問答法はソクラテスが創始したものではない。それはエレア派の論法を踏襲するものである。パルメニデスやゼノンの場合、ピタゴラスの二重世界(超感性的な真理世界と感性的な仮象世界)を否定することが課題であった。彼らはそのような前提に立つと矛盾に陥ることを、間接証明によって示そうとしたのである。ソクラテスはアテネで同じことをおこなった。ただ、彼が間接証明を通して否定しようとしたのは、アテネ社会において自明となっている、公人と私人を分ける「二重世界」の考えである。

ソクラテスが開示したのは、公人や私人、自由民や奴隷という区別を越えて存するような「徳」である。この「徳」は、外から教えられるような知識や技術ではない。各人が、公人でも私人でもない「自己」であることを悟ることによってしか得られない。したがって、それは一人一人にしか伝えることができない。ソクラテスは何も積極的なことを教えない。かといって、放っておけば、自然に自覚が生じるわけではない。自覚は、それを妨げている虚偽の前提を破ることによってのみ可能である。その意味では、教えることが不可欠である。ソクラテスの「産婆術」は、このようなパラドクスをはらんでいる。

ソクラテスの問答は通常「対話」と呼ばれるものとは異質である。それは異なった意見をもった者が話し合い、説得しあうというようなものではまったくない。ソクラテスは問うだけであるから。ソクラテスの問答法はプラトンの著作を通して知られているのだが、実際は、それはプラトンの「対話」に書かれたようなものではなかった。プラトンにおいては、問答は一定の終り(目的)に向かって進む。そのような対話は、実際には自己対話、つまり、内省であって、他者との対話ではない。他者との対話がこんなに都合よく完結するはずがないのだ。たとえば、ディオゲネス・ラエルティオスは、ソクラテスの問答法についてこう書いている。

そのような探究の際に、彼の議論はますます強引なものになっていったので、彼は人びとから拳骨で殴られたり、髪の毛を引っぱられたりすることもしばしばであったし、また多くの場合は、馬鹿にされて嘲笑されたのであるが、それでいてしかし、彼はこれらすべてのことにじっと我慢して耐えていた。そういうわけで、彼は足蹴にされたときにも辛抱していたので、ある人があきれていたら、彼はこう言ったというのである。「だがもし、驢馬がぼくを蹴ったのだとしたら、ぼくは驢馬を相手に訴訟を起しただろうか」と。(19)

ソクラテスの問答法は、相手がもつ虚偽の前提を論破し自己撞着に追いこむが、その先は予測できない。相手が「自覚」に達するかどうかはわからない。また、「自覚」が持続するかどうかもわからない。したがって、この問答にはたえず危険性がつきまとう。命の危険が伴うのは、公人として活動することに限られないのだ。

ソクラテスの「対話」――そう呼んでいいなら――の特徴は、対話者の関係の非対称性にある。それに類似するのは、フロイトが創始した精神分析における分析医と患者の関係である。これは「対話」療法と呼ばれるが、通常の対話とは異なる。患者の「自覚」を引き出す産婆術に近い。逆に、ここからふりかえると、ソクラテスの問答法が相手の側に、過度の転移や抵抗をもたらしたということが想像できる。その結果がソクラテスの死刑に帰結したともいえる。(20)

しかし、ソクラテスが「徳」を「自己」の問題として見たということを、彼が「魂」の次元、あるいは自己救済の問題をもちこんだなどと考えてはならない。彼がいう「徳」は、他者に対する倫理的行為にある。それは、公人でも私人でもない、「自己」という観点からしかありえないのである。したがって、ソクラテスが考えていたのは、あくまでポリスの問題、すなわち、政治の問題であった。それは公人と私人の二重世界を廃棄することである。ただ、それは一人一人の自覚という契機なしにありえない、と彼は考えた。そのとき、公人でも私人でもない「自己」が問われたのである。

ソクラテスは本を書かなかった。それは彼の思想が他者一人一人との問答にあったことを意味する。一方、プラトンはアカデミアの教師であった。彼は対話という形式で本を書いたが、それは「自己対話」であって、他者との対話ではない。それは理《ロゴス》の自己対話というかたちで語られる学説なのである。ここに、ヘーゲル的弁証法の原型がある。(21)

プラトンにおいて、ソクラテスの問答法にあった、否定性、危うさ、偶然性という要素が完全に消滅している。むろん、プラトンも危険を冒さなかったわけではない。彼は哲学者を王にするのが困難である以上、王を哲学者にすればよいと考えた。そして、シケリアの王を哲学者にしようとして失敗し、奴隷として売られそうになった。このようにプラトンが他者との対話を試みたことは確かであるが、その他者とは王であり、民衆ではなかった。

ソクラテスの方法を受けついだのはむしろ小ソクラテス派である。ディオゲネスは、あいつに嚙みつかれないように用心しようという言葉をきいて、「心配するな、犬は青二才に嚙みついたりしない」と応じた、といわれる。彼はそのようなやり方を、問答をして怒らせた相手に殴られても我慢し、「もし驢馬がぼくを蹴ったのだとしたら、ぼくは驢馬を相手に訴訟を起しただろうか」とうそぶいたソクラテスから学んだはずだ。彼はある意味で、プラトン以上にソクラテスの問答法を受けついだのである。

プラトンと違って、ディオゲネスは実際に奴隷として売られた。奴隷の仕事として何ができるかと訊ねられて、彼は「人々を支配することだ」と答えた、といわれる。彼はまた、真昼にランプを掲げて広場を「人間はいないか」と叫んでまわったといわれる。これらの言動は、一種の問答法である。ディオゲネスは問答する相手を必要としたのだ。そのことが他人に目を背けさせることになろうと、軽蔑を買うことになろうと構わなかった。たとえば、彼は人前で自慰をした。それは、自然《フィシス》を隠す必要はないということを他人に告げるためである。

7　プラトンとピタゴラス

プラトンは最初の作品で、ソクラテスが法廷で死に関してつぎのように述べたと書いている。《死ぬということは、次の二つのうちの一つなのです。あるいはまったく何もない「無」といったようなもので、死んでしまえば何も少しも感じないといったものなのか、あるいはまた言い伝えにあるように、それはたましいにとって、ここの場所から他の場所へと、ちょうど場所をとりかえて、住居を移すようなことになるかなのです(22)》。どちらにしても儲けものだと、彼はいう。そのようにいうとき、ソクラテスは魂の不滅を主張することも否定することもしない。彼がいいたいのは、そんなことよりもっと大事なことがある、ということだ(23)。最後に彼はいう。《しかし、もう終りにしよう、時刻ですからね。もう行かなければならない。わたしはこれから死ぬために、諸君はこれから生きるために。しかしわれわれの行く手に待っているものは、どちらがよいのか、誰にもはっきりはわからないのです、神でなければ(24)》。

先述したように、プラトンが『弁明』で書いたことは、ほぼ事実に即していると考えてよい。つまり、死に関するソクラテスの考えは右のようなものであった。しかし、次作の『クリトン』、さらに『パイドン』では、プラトンは〝ソクラテス〟の名において、彼自身のもつ観念を語り始めた。たとえば、『パイドン』では、毒を仰ぐ前の〝ソクラテス〟は、「哲学(愛知)とは死ぬ稽古だ」と語る。すなわち、哲学者の関心事とは、肉体からの魂の解放と分離を果たすことにある、と。しかし、これは『弁明』におけるソクラテスの考えとはまったく違っている。そして、そのような考えは明らかに、ピタゴラス派のものである。

さらにプラトンは『パイドン』において、不死の魂だけでなく、美しさや善さや大きさなどといったものがそれ自身として存在するという考えを披瀝している。感覚的事物はたえず変動しているが、それとは別に、共通不変なものがイデアとして存在する、というのである。感覚的な事物はそのイデア(エイドス)を「分有」する。アリストテレスは、このような考えがピタゴラスから来ることを指摘した。《ピタゴラスの徒は存在する事物がそのように存在するゆえんをば数に「まねること」によってであると言っているが、それをプラトンは、この言い方だけ変えて、「与かること」によってとしているのであるから(25)》。

アリストテレスはいう。《だがプラトンは、さらに感覚的事物とエイドスとのほかに、これら両者の中間に、数学の対象たる事物が存在すると主張し、そしてこの数学的諸対象をば、一方、それらが永遠的であり不変不動的である点では感覚的事物と異なり、他方、エイドスとは、数学的諸対象には多くの同類のものがあるのにエイドスはいずれもそれぞれ自らは唯一単独であるという点で異なるとしている》(26)。

しかし、プラトンのイデア論はピタゴラス派の考えとは違っている。ピタゴラスの場合、数学をもとにして考えているので、感覚的なものと超感覚的なものは不可分離に結びついている。ところが、プラトンにおいて、イデア(形相《エイドス》)は感覚的なものから離れて存在する。イデア的なものと感覚的なものの結合と分離を考えるとき、両者がはじめから結びついているピタゴラスの考えは参考にならない。プラトンが両者の分離と結合を見る鍵を見出したのは、「ソクラテスの死」という出来事においてであった。彼はそこに、感覚的なものにとらわれていたイデア的なものの解放というドラマを認めた。こうして「ソクラテスの死」は、プラトンの「哲学」体系にとって不可欠な心棒《ピボット》となった(27)。

プラトンは初期の作品以後にも〝ソクラテス〟を登場させた。この〝ソクラテス〟が仮構であることは自明であるが、にもかかわらず、それによって、いつも「ソクラテスの死」という出来事を喚起する効果をもつ。一言でいえば、プラトンは自分の闘争を〝ソクラテス〟の名によって正当化しようとしたのである。何に対する闘争か? イデア論に反対する者との闘争であり、具体的にはイオニア派の思想に対する闘争である。後期の仕事において、彼はその意図を隠さなかった。たとえば、『ソピステス』の中で、彼は、物体主義者(イオニア派)に対する形相主義者の戦いを、巨人族と神々の戦いになぞらえている。

だからこそ、彼ら〔物体派〕を相手に論争する人たちは、きわめて用心深い態度で、どこか上方高く目に見えない世界を拠点として身を守ろうとするのだ、――真の実在とは、思惟によってとらえられる非物体的な或る種の〈形相〉であることを、何としてでも認めさせようとがんばりながらね。そして、先の人たちが奉じるもろもろの物体、彼ら反対派が真実在と説くところのものを、議論のなかでばらばらに粉砕して、それは実在ではなく、動きつつある成り行き〔生成〕の過程にすぎぬもの、と呼んでいる。両陣営の間には、こうした論点をめぐって果てしない闘いが、テアイテトス、つねにたたかわれてきているのだ。(28)

さらに最晩年期、プラトンは『ティマイオス』で、イオニア的な無神論・唯物論に対決することを宣言している。しかし、先に述べたように、イオニアの自然哲学者は無神論者ではない。彼らは一つの神＝自然が存在すると考えていたからだ。彼らが否定したのは、擬人的な神々にすぎない。彼らは始原に、運動する物質を見出した。擬人的な神々とは、そのような物質の運動を事後的に見て、そこに目的を仮定することから見出される。ゆえに、擬人的な神々の否定は、目的論的な世界観の否定なのである。

そこからみると、プラトンが何をなそうとしたかが明らかとなる。むろんそれは、オリンポスの神々のような擬人的な神々を回復することではなくて、世界を目的論的に見ることを確保することである。ゆえに彼は、物質が自ら運動するというイオニア派の考えを否定しなければならなかった。プラトンの考えでは、物質の運動をもたらすものがあり、それが「神」である。世界は、運動する物質の生成なのではなく、宇宙の工作者《デミウルゴス》である神が制作したものである。プラトンは、「人間は万物の尺度だ」というプロタゴラスを批判して、神こそが尺度だ、という。しかし、プロタゴラスの態度は別に人間中心主義ではない。人間中心主義は、世界の制作者としての神を想定するプラトンにこそある。

8　哲人王

プラトンの『メノン』に登場する〝ソクラテス〟は、認識とは想起なのだという。これがピタゴラスの輪廻転生の観念にもとづくことはいうまでもない。さらに重要なのは、『国家』において提示された哲人王という観念もまた、ピタゴラスから来ているということだ。プラトンの『国家』では、〝ソクラテス〟はつぎのように語る。

数少ない哲学者たちが、何らかのめぐり合せにより、欲すると欲しないとにかかわらず国のことを配慮するように強制され、国のほうも彼らの言うことを従順に聞くように強制されるのでなければ、あるいは、現に権力の座にある人々なり王位にある人々なりの息子、ないしはその当人が、何らかの神の霊感を受けて、真実の哲学への真実の恋情に取りつかれるのでなければ、それまでは国家も、国制も、さらには一個人も同様に、けっして完全な状態に達することはないだろう、と。[29]

このような考えがソクラテスのものであることはありえない。そもそも彼は国事に関与することを拒絶したからだ。哲人王という観念がプラトン自身のものであることは、『第七書簡』で同じことを彼自身の意見として述べていることからも明らかである。《それとともにわたしは、国政にせよ個人生活にせよ、およそそのすべての正しいあり方というものは、哲学からでなくしては見きわめられるものではないと、正しい意味での哲学を称《たた》えながら、言明せざるをえませんでした。つまり、「正しい意味において、真実に哲学している部類のひとたちが、政治上の元首の地位につくか、それとも、現に国々において権力をもっている部類のひとたちが、天与の配分ともいうべき条件に恵まれて、真実に哲学するようになるかの、どちらかが実現されないかぎり、人類が、禍いから免れることはあるまい」と[30]》。

プラトンがピタゴラス派の影響を受けたのは、数学や魂の輪廻というような事柄だけではなかった。その根底にはもっと政治的な問題がある。それを見るために、プラトンがたどった道をふりかえってみよう。この書簡で、彼はつぎのような経験を縷々《るる》述べている。(31)《わたしも、かつて若かったころは、じっさい、多くのひとたちと同じような気持でした。自分自身のことを支配できるようになりしだい、すぐにも国家の公共活動へ向おうと、考えたわけです。そこへまたわたしには、国家の情勢から、次のような、ちょっとした偶然が降りかかってきました》。それは貴族派による「三〇人僭主」の専制政治である。プラトンの親戚や友人がその中にいた。彼らはソクラテスを巻き込もうとしたが、拒否された。プラトンもまたこの体制に加担しなかった。まもなくこの体制は崩壊したが、こののちも「公事、国事をしたいという欲望が私をひきつけました」とプラトンはいう。

プラトンは晩年のソクラテスに接したのだが、ソクラテスのように生きることを考えたことはなかった。あくまで「国家の公事に携わること」を切望していたのである。しかし、民主派がソクラテスを告訴する事件がおこり、その結果、プラトンは政治家への道を断念せねばならなくなった。のみならず、アテネから離れなければならなくなった。ソクラテスの死後にも、プラトンのような貴族層への民主派の報復が続くことが予想されたからである。

ソクラテスの事件（前三九九年）の後、プラトンは一〇年あまり、各地を放浪した。その間に彼は政治家を断念し、〝哲学者〟になろうと決心した。《というのは、法習の現状は、どの国にとっても、もはや、何かびっくりするほどの対策と、あわせて好運をもってしなければ、とうてい治癒されようもないほどになっていたからですが、――そして、それとともにわたしは、国政にせよ個人生活にせよ、およそそのすべての正しいあり方というものは、哲学からでなくしては見きわめられるものではないと、正しい意味での哲学を称《たた》えながら、言明せざるをえませんでした》。そして、右に引用したような、哲人王に関する考えを表明するにいたったのである。彼がそれをピタゴラス派から得たことは明らかである。

「そういう意図を胸にもって、わたしは、イタリアとシケリアへ赴きました」とプラトンは書いている。彼が前三八八年にイタリアに渡って、ピタゴラス派との交流を深め、その指導者アルキュタスに会ったのは、哲人王の考えを実行することを考えていたからだ。また、その直後、彼はシケリア島に渡って、シラクサの僭主、ディオニュシオス一世を訪ねたが、その義弟で哲学を愛する美青年ディオンを知り、シラクサにおいて哲人王の政治が実現されることを期待した。

しかし、シラクサでのプラトンの政治的経験は無惨であった。彼は突然、僭主ディオニュシオス一世の怒りを買って奴隷として売られてしまい、這々《ほうほう》の体でアテネに逃げ帰ったのである。そして、アテネでピタゴラス派の学園に似たアカデミアを設立した。プラトンはこれ以後も、二度シラクサに渡って同じように挫折している。一言でいえば、僭主に騙《だま》されたのである。しかし、そんなことは十分に予想できたことであるから、哲人王の統治を実現したいという、プラトンの意欲がよほど強かったのだ、というほかない。

このような経緯を見ると、プラトンがピタゴラス派に惹かれた理由がたんに哲学的なものでないことは明らかである。アテネの民主政はソクラテスを処刑するにいたった。この事件のあと、プラトンはアテネを離れて各地を放浪しつつ、民主政について考えたはずである。プラトンの疑問は、民衆の支持にもとづくことが正しいのであれば、いかなる専制政治も許されることになるのではないか、というものである。彼はそれをつぎのように表現している。

過度の自由は、個人においても国家においても、ただ過度の隷属状態へと変化する以外に途はないもののようだからね……それならまた、当然考えられることは……僭主独裁制が成立するのは、民主制以外の他のどのような国制からでもないということだ。すなわち、思うに、最高度の自由からは、最も野蛮な最高度の隷属が生まれてくるのだ。(32)

では、どうすればよいのか。それを考えている間に、プラトンはピタゴラス派の教団を知った。そこには「哲学者」による統治があった。先に述べたように、そこから、プラトンは哲人王という考えを得たといってよい。しかし、それはたんなる模倣や影響ではなかった。アテネでの政治的挫折と以後一〇年の放浪の経験を通して、プラトンは、ピタゴラスの思想を身をもって理解したのである。

ここで、以前にピタゴラスについて述べたことをあらためてまとめてみよう。彼はイオニアのサモス島で企てた政治改革が僭主政に帰結するという苦い経験をあじわった。その後、イオニアを出て長い間、各地を遍歴したのち、イタリアで「哲学者」による統治を開始した。彼が教団を始めたのは、オルフェウス教、あるいはアジアの宗教の影響によるのではない。それはサモス島での経験からである。ピタゴラスが直面したのは第一に、民衆の問題である。民衆の自由に任せれば僭主政になってしまう。なぜなら、彼らは真に〝自由〟なのではないからだ。彼らを閉じこめている肉体から解放しなければならない。そのために、教団がいる。第二に、指導者の問題である。ピタゴラスの親友ポリュクラテスが僭主になってしまったのは、彼自身に問題があるからだ。指導者もまた肉体の軛《くびき》から自由にならなければならない。感覚による仮象世界を越えた真の世界を認識する者でなければならない。いいかえれば、「哲学者」でなければならない。そこでピタゴラスは、哲学者が統治する教団を作り、それによって社会を変えようとしたのである。

9　イソノミアと哲人王

プラトンは、哲人王という考えをソクラテスのものとして語った。しかし、それはピタゴラスに由来するものであり、ソクラテスには縁遠いものである。公人として活動することをしなかったソクラテスが「王」となることなどけっしてありえないからだ。ソクラテスは、公的なものが私的なものに、精神的なものが物質的なものに優越するという考えを拒否した。いいかえれば、彼は、アテネ的な二重世界にもピタゴラス的な二重世界にも異議を唱えたのである。

アテネ的二重世界とは、公的なものと私的なものの分割である。ソクラテスはそのような二重世界の克服を私人として行おうとした。それは下からの変革、個々人からの変革である。つぎに、ピタゴラス的な二重世界についていえば、ソクラテスは自分が真理を握っているとは考えなかった。その意味で、彼は自分が無知であると考えた。そして、知(真理)を握っていると考える人たちに虻のようにまつわりついて、問答に巻き込んだのである。「イロニー」と呼ばれるのは、そのような問答法である。それは「真の世界」

への到達を目指すものではない。知と無知という二重世界の前提にある「知」(真理)そのものの廃棄を目指すものである。

プラトンが目指したのは、魂が肉体を統治するような状態である。しかし、ソクラテスが目指したのは、統治そのものの廃棄であり、イソノミア(無支配)である。プラトンは、ソクラテスが民主政によって殺されたことを切り札に使った。彼はたえずソクラテスを擁護し、その名において語った。しかし、それはソクラテスを逆の方向に利用することでしかなかった。ソクラテスは〝無意識〟にであれ、イオニア的なものを回復した人である。そのような人物を、プラトンはイオニア的なものに対抗する彼自身の闘いの最大の武器として活用したのである。

プラトンにあっては、ソクラテスの考えがすべて逆立ちさせられる。プラトンは、感覚的な仮象世界をこえて真理を握るのが哲学者であると考えた。さらに、このような哲学者が公人として活動し政治的権力をもつことによって、政治的な世界に真理を実現することができる、と考えたのである。

哲学者たちが国々において王となって統治するのでないかぎり……あるいは、現在王と呼ばれ、権力者と呼ばれている人たちが、真実にかつじゅうぶんに哲学するのでないかぎり、すなわち、政治的権力と哲学的精神とが一体化されて、多くの人々の素質が、現在のようにこの二つのどちらかの方向へ別々に進むのを強制的に禁止されるのでないかぎり……国々にとって不幸のやむときはないし、また人類にとっても同様だとぼくは思う。(33)

プラトンの考えでは、ソクラテスのような哲学者が支配するときに、理想の国家ができる。それは、《その国において支配者となるべき人たちが、支配権力を積極的に求めることの最も少ない人間であるような国家》(34)である。しかし、それは「支配」の揚棄ではない。支配を否定するような支配者による支配である。つまり、ソクラテスにおけるイソノミア(無支配)の追求は、プラトンにおいて哲人王による支配に転化されたのである。

プラトンは『ポリティコス(政治家)』において、国制(政体)を六つに分類した。まず、単独者が支配する政体、少数者が支配する政体、多数者が支配する政体の三つに分けられる。さらに、それぞれが、法を遵守するような形態と、法を軽視する堕落した形態とに分けられる(図A)。

このような考えはプラトンの独創ではない。クセノフォンの手記によれば、ソクラテスもそのように考えていた。プラトンが付け加えたのは、それらの価値づけである。彼の考えでは、単独支配者政体は、遵法的であるとき最善である。それが王政である。が、法軽視になると、逆に最悪のものとなる。それが僭主政である。少数者支配は、単独者支配と多数者支配の中間にある。多数者支配は、あらゆる点で弱体であり劣悪である。ただ、それ以外の政体が法軽視的である場合、民主政のほうがましである。

ここで大事なのは、プラトンがこの六つの外に第七番目を考えたことである。《この六種類のものとは無関係のところへ第七番目の政体としてあらかじめ隔離しておくことにするのだ(35)》。それが哲人王の統治である。《第七番目の政体のみは、ちょうど神が人間どもの群がる地上をはるかに超えたところにましますのと同じように、その他のあらゆる諸政体のはるかかなたの上方にその座を占めている特別に神々しいものだ、とわれわれは考えなければならない(36)》。

この七番目の位置にあるものは、現実には存在しない。つまり、哲人王の統治する国家はイデア的なものである。だが、ある意味で、ソクラテスも、実在しない七番目のものを考えていた。イソノミアがそれだ、といってよい。ソクラテスはそれを背理法によって開示しただけで、積極的に示すことはなかった。一方、プラトンはそれを積極的なイデアとして、いわば天界においたのである。それはいわばイソノミアの自己疎外態である。

ここであらためて、デモクラシーに対するソ

単独者支配	王　政	僭主政
少数者支配	貴族政	寡頭政
多数者支配	良民政	民主政

図 A

不平等 ⟷ 平等

	不平等	平等
専制	僭主政	哲人王
自由	デモクラシー	イソノミア

（縦軸：専制 ↕ 自由）

図B

クラテスとプラトンの考えを比較してみよう。ソクラテスはデモクラシーに対して批判的であった。しかし、その理由はプラトンとは違っている。アテネの市民はソロンの改革以来、イオニア的なイソノミアの精神に触発されてきたが、現実には、イソノミアの堕落した形態であるデモクラシー（多数派支配）にとどまっていた。それは、公人と私人の分割、精神労働と肉体労働の分割をけっして越えることはなかった。その中でソクラテスは、デモクラシーが前提する公人と私人という二重世界を解体しようとした。それはイソノミアを回復することにほかならない。しかし、ソクラテスはそのことを、そうと意識することなしにおこなった。すなわち、ダイモンの指令にしたがっておこなったのである。その結果、彼は貴族派に嫌われただけでなく、民主派によって告訴された。

他方、プラトンはデモクラシーそのものがソクラテスの死に責任があるとみなした。僭主政やデマゴーグ支配はデモクラシーから生まれる。それを避けるためには、民衆の意見ではなく、哲人によって統治される体制でなければならない。こうして、プラトンはデモクラシーを抜本的に否定する方向に向かった。ここで、デモクラシー、僭主政、哲人王、イソノミアの四つを区別し、それらがどのような関係構造にあるかを図示しておく[37](図B)。

プラトンは、アテネにデモクラシーをもたらしたイオニアの精神を駆逐することを生涯の課題とした。それはイオニア派が神々の批判によって見出した運動する物質という考えを否定し、魂による物質の支配という考えを確立することである。それはまさに「神学」の構築である。しかも、彼はそのような仕事を一貫して〝ソクラテス〟の名において果たした。その結果、プラトン以来、「哲学の起源」はソクラテスにあると見なされるにいたった。ゆえにまた、ニーチェ以来、プラトンを批判する者はソクラテスを攻撃し、それを越える鍵を「ソクラテス以前」の思考に求めてきた。しかし、「ソクラテス以前」というのであれば、ソクラテスその人をそこに含めるのでなければならない。ソクラテスはイオニアの思想と政治を回復しようとした最後の人である。プラトン的な形而上学・神学を否定するためには、ほかならぬソクラテスこそが必要なのである[38]。

注

序論

(1) アンリ・ベルクソン『道徳と宗教の二源泉』平山高次訳、岩波文庫、三二八頁。
(2) ウェーバー『宗教社会学』(「経済と社会」第二部第五章)武藤一雄ほか訳、創文社、三五一―三六頁。
(3) 並木浩一は、預言者らは集積された知識を批判的に検討して判断した上で、それを神の言葉として語った、という。それが彼らの表現スタイルであったというのである。《それが彼らにとって後ろめたい作業であったとは、とうてい考えられない。むしろ書き手の一人称を没却して、他者の言葉に帰すことが慎み深い、有効な作業であると考えられていたように思われる。そうでなければ、預言書における編集者、加筆者たちの大幅な関与は説明できないであろう。もっとも、預言書の編集が終結してからは事情が異なった》(『旧約聖書における文化と人間』教文館、二八頁)。
(4) このことはまた、老子がのちに道教の始祖とみなされた理由、そして、その道教が中国史において反国家的な社会運動の思想的源泉であり続けた理由を説明するものである。

第一章

(1) ハンナ・アーレント『革命について』志水速雄訳、ちくま学芸文庫、四〇頁。
(2) アリストテレス『政治学』山本光雄訳、岩波文庫、二八五頁。
(3) アリストテレス『政治学』二八六頁。
(4) カール・シュミット『現代議会主義の精神史的地位』稲葉素之訳、みすず書房、一四頁。
(5) シュミット『現代議会主義の精神史的地位』二四頁。
(6) エウリピデスの劇『イオン』は、アテネの開祖はイオン、つまり、イオニア人であるという見方を広めた。これはアテネ帝国主義に都合のよいイデオロギーである。
(7) ヘーゲル『哲学史講義』I、長谷川宏訳、河出文庫、二一八—二二一頁。
(8) 「モーガン『古代社会』摘要」『マルクス＝エンゲルス全集』補巻四、大月書店、四二八頁。
(9) モルガン『古代社会』上巻、青山道夫訳、岩波文庫、一五〇頁。
(10) アラン・テスタール『新不平等起源論』山内昶訳、法政大学出版局、五四頁。
(11) ヘロドトス『歴史』上巻、松平千秋訳、岩波文庫、二六九頁。
(12) ヘロドトス『歴史』上巻、一二九頁。
(13) ヘーゲル『哲学史講義』I、二一四頁。
(14) アーレント『革命について』三九九頁。
(15) アーレント『革命について』三五三頁。

第二章

(1)　廣川洋一はつぎのように推測している。《アナクシマンドロスの著作として、ある古代辞書(『スダ』)は『自然について』『地誌』『恒星について』『天球』その他にも「何冊か」あったことを伝えているが、(中略)『スダ』の記述はむしろ、アナクシマンドロスの書物の内容が、いわゆる自然学的なものだけに限られず、さらに歴史、地理、文明史的なものにまで及ぶ学問的関心の広いものであったことを証明しているように思われる》(『ソクラテス以前の哲学者』講談社学術文庫、五六―五七頁)。

(2)　廣川洋一『ソクラテス以前の哲学者』第二部十一「デモクリトス」。

(3)　Rosalind Thomas, *Herodotus in Context*, Cambridge University Press, p. 272-73.

(4)　ヒポクラテス「神聖病について」小川政恭訳、『古い医術について』岩波文庫、三八―四〇頁。

(5)　ヒポクラテス『古い医術について』五六頁。

(6)　ヒポクラテス『古い医術について』一八四頁。

(7)　『ソクラテス以前哲学者断片集』第Ⅱ分冊、内山勝利ほか訳、岩波書店、四一頁。

(8)　アリストテレス『政治学』山本光雄訳、岩波文庫、四三頁。

(9)　トゥキュディデスは「私の記録からは伝説的な要素が除かれているために、これを読んで面白いと思う人はすくないかもしれない。しかしながら、やがて今後展開する歴史も、人間性のみちびくところふたたびかつての如き、つまりそれと相似た過程を辿るのではないか、と思う人々がふりかえって過去の真相を見凝めようとするとき、私の歴史に価値をみとめてくれればそれで充分であろう。この記述は、今日の読者に媚びて賞を得るためではなく、世々の遺産たるべく綴られた」という。これは暗にヘロドトスを批判するものだと見なされている。それを否定しえても、トゥキュディデスの『戦史』がヘロドトスの『歴史』に反する方法論的意志に貫かれていることは否定しえない。

(10) ヘロドトス『歴史』上巻、松平千秋訳、岩波文庫、二六四頁。
(11) ヘロドトス『歴史』上巻、一九五頁。
(12) アリストテレス『政治学』三二四―三二五頁。
(13) ヘロドトス『歴史』上巻、三三九頁。
(14) ヘロドトス『歴史』中巻、二二二頁。
(15) ホメロス『オデュッセイア』上巻、松平千秋訳、岩波文庫、一二二頁。
(16) 専制国家が成立するためには、王が自分の発令した法に拘束されるようなシステムが不可欠である。これは支配者と被支配者の間でなされる社会契約である。ゆえに、専制国家は自然にできあがったのではなく、一定の思想にもとづいている。中国史では、それは諸子百家の中の法家によってもたらされた。たとえば、それを実行して秦を強国にしたのが、宰相商鞅《しょうおう》である。一方、イオニアに見出される社会契約と法は、同等者の間での合意にもとづく。
(17) 関曠野『プラトンと資本主義』北斗出版、三七頁。
(18) ヘシオドス『仕事と日』松平千秋訳、岩波文庫、二二―二三頁。
(19) ヘシオドス『仕事と日』四四頁。
(20) ヘシオドス『仕事と日』四八頁。
(21) ジョージ・トムソン『最初の哲学者たち』出隆・池田薫訳、岩波書店、二三一―二三二頁。

(22) ギルバート・マレーはオリンポスの神々の出現が「宗教改革」であるといった。それは氏族的な宗教からの飛躍を意味する。しかし、私がここでいう「宗教改革」はイオニアに固有のものである。それはイオニアの没落とともに失われた。マレーもまたイオニアに注目してはいる。《最後に私たちの記憶せねばならぬことはイオニアはアテナイの興起前にあってはたんにギリシアの最も想像力に富み英知的な部分であるばかりでなく、知識と教養において最大限度に進んだ土地であったということである。ホメロスの宗教はギリシアの自己実現への第一歩であり、このような自己実現は自然の勢いとしてイオニアで起こったのであった》(『ギリシア宗教発展の五段階』藤田健治訳、岩波文庫、九二頁)。しかし、イオニアの歴史的特異性についてなんら注意を払っていない。

(23) アリストテレス『形而上学』上巻、出隆訳、岩波文庫、二五頁。

(24) ヘシオドス『仕事と日』三八頁。

第三章

(1) 『ソクラテス以前哲学者断片集』第Ⅰ分冊、内山勝利ほか訳、岩波書店、一八一頁。

(2) アリストテレス『形而上学』上巻、出隆訳、岩波文庫、三三頁。

(3) アリストテレス『霊魂論』第一巻第五章、山本光雄訳、「アリストテレス全集」第六巻、岩波書店、三四頁。

(4) シンプリキオスはこう伝える。《彼自身もまた、師と同じく基体となるものが単一かつ無限であると言ったが、しかし、アナクシマンドロスのようにそれを無限定的なものとはせず、限定されたものであると言い、空気がそれであると述べた。そして、それは、希薄さと濃厚さの違いによって、あり方を異にする、という。すなわち、薄くなると火となり、濃くなると風となり、次いで雲となり、さらに濃くなると水となり、そして土となり石となり、また、この他のものもこれらから生ずる、というのである。彼もまた、動は永遠であり、変化はこれによっておこなわれる、としている》(『ソクラテス以前哲学者断片集』第Ⅰ分冊、一八四―一八五頁)。

(5) 実際、「無限定なもの」である一からの世界の生成という見方は、フィヒテのような観念論、あるいは、田辺元のいう「絶対無」のような弁証法の議論に適合する。

(6) アリストテレス自身は「形而上学(メタフィジックス)」という概念を使ったことはない。彼は自然学(フィジックス)の根底に存するものを探究する学を「第一の哲学」と呼んでいた。彼の死後、その講義ノートが編纂されたとき、それは「フィジックス」(自然学)のあと(メタ)に来るものとしてメタフィジックスと呼ばれた。それがのちに「第一の哲学」を指すようになった。

(7) エルンスト・ブロッホ『ルネサンスの哲学』古川千家ほか訳、白水社、一五八頁。

(8) ブロッホ『ルネサンスの哲学』五二頁。

(9) 『ソクラテス以前哲学者断片集』第Ⅰ分冊、二七三―二七四頁。

(10) 『ソクラテス以前哲学者断片集』第Ⅰ分冊、二七七頁。

(11) アリストテレス『形而上学』上巻、二一五頁。

(12) ファリントン『ギリシヤ人の科学』上巻、出隆訳、岩波新書、四六頁。

(13) ファリントン『ギリシヤ人の科学』上巻、四七頁。
(14) 岩崎允胤『ギリシア・ポリス社会の哲学』未來社、一八八頁。
(15) アリストテレス『自然学』出隆ほか訳、「アリストテレス全集」第三巻、岩波書店、七三―七四頁。
(16) 『ギリシア・ポリス社会の哲学』一八八頁。
(17) ファリントン『ギリシヤ人の科学』上巻、一二〇―一二二頁。
(18) イオニア的な進化論は、ローマ帝国の没落とキリスト教会の下で消滅したが、イスラム圏において受け継がれたことに留意すべきである。特に、九世紀のアル＝ジャーヒズは、生物の生存のチャンスと環境の影響を考え、「生存のための努力」を著述した。イブン・ミスカワイフは、蒸気から水、鉱物、植物、動物、そして類人猿から人へと進む生命の発展の歴史を書いた。イブン・アル＝ハイサムやイブン・ハルドゥーンらも進化思想について議論した。彼らの本はラテン語に翻訳されて、ルネサンス期にヨーロッパに影響を与えた。
(19) 木村資生はダーウィンを批判して、変異の中立性を主張した。つまり、変異は種にとって有利でも不利でもない、というのである。しかし、ダーウィンは変異に方向性ないし目的性を想定しなかった。ただ、哲学者ハーバート・スペンサーから「適者生存」という概念を借用したために、誤解を与えたのである。自然界において存続した者を「適者」とみなすのは事後的な判断であり、それは否定したはずの目的論を回復させる。

第四章

（1）ジョージ・トムソン『最初の哲学者たち』出隆・池田薫訳、岩波書店、三〇三頁。

（2）トムソン『最初の哲学者たち』三〇一頁。

（3）ポリュクラテスは自分を暗殺するとわかっている人物の所に出かけて殺された。心理学では、自己処罰への欲望が〝ポリュクラテス・コンプレクス〟と呼ばれている。

（4）フリードリヒ・ニーチェ『権力への意志』下巻、原佑訳、ちくま学芸文庫、一三一頁。

（5）『ドイツ・イデオロギー』花崎皋平訳、合同出版、六一―六二頁。

（6）ピタゴラス派は貨幣鋳造に従事した。しかし、彼らはのちの錬金術師のように、金銀そのものに力があるとは考えなかったはずである。貨幣の力はどこから来るのか。この問題を『資本論』で考察したマルクスは、貨幣の力が、金や銀といった物質性にあるのではないこと、それは商品交換による社会的な関係から来るのだということを見抜いた。すべての商品が一商品によって自らの価値を表示する価値形態、つまり、貨幣形態において、そこに位置する一商品が特別な力をもつように見えるのだ。貨幣の魔力は音楽の魔力と同様に、「関係」の中にある。

（7）アナクシマンドロスは、星は火の環であると考えた。また、ピタゴラスよりのちに、アナクサゴラスは、太陽は灼熱した石であり、月は土からなると主張して、アテネから追放された。そのような見方は「天体」を冒瀆するものとみなされたのである。それに対して、ピタゴラスは天体をもっぱら「関係」の面においてとらえた。とはいえ、彼は「天体」を神聖視したわけではない。アリストテレスによれば、ピタゴラスは一種の地動説を考えていた。《ピタゴラスの徒は、天界の中心には火があって、地球は遊星の一つにすぎず、中心のまわりを円運動をしながら夜と昼とをつくるという。さらに、彼らはこの地球の反対の位置を占めるもう一つの地球を用意して、それを対地星と呼んでいる》(『天体論』)。この中心の火は太陽ではなく、目に見えないものである。太陽はその周囲にある惑星の一つである。惑星は月、太陽をいれて九個、それに恒星の天界を加えて、計一〇個の天体が中心火の周囲を回転している、と考えられる。このような見方はヘレニズム初期のアリスタルコスによる太陽中心説につながっている。ルネサンス期に、コペルニクスはプルタルコス『哲学者の自然学概要』によって、ピタゴラス派の説を知って、地動説を考えるようになったといわれる。

(8) カール・ポパー『開かれた社会とその敵』第一部、内田詔夫・小河原誠訳、未來社、三一頁。

(9) ヘラクレイトス著作断片Bは『ソクラテス以前哲学者断片集』第Ⅰ分冊、内山勝利ほか訳、岩波書店、三〇八頁以下。

(10) 山川偉也『古代ギリシアの思想』講談社学術文庫、一一二頁。

(11) 『ソクラテス以前哲学者断片集』第Ⅰ分冊、一八一頁。

(12) 『ソクラテス以前哲学者断片集』第Ⅰ分冊、二七七頁。

(13) アリストテレス『形而上学』上巻、出隆訳、岩波文庫、四三頁。

(14) たとえば、古典派経済学者(スミスやリカード)はこう考えた。どの商品にも共通の本質(労働価値)がある、そして、それを表示するものが貨幣である、と。彼らにとって交換は重要ではなかった。しかし、人々が異なる商品を交換するのは、それらが同じ価値をもつからではなく、互いにその使用価値を欲するからだ。その結果として、異なる商品に共通の本質が見出されるのである。また、交換を通して、一商品が貨幣(一般的等価物)の位置におかれるようになる。その結果、一商品(金や銀)が貨幣となる。マルクスは『資本論』で以上のような考えを提起した。マルクスは古典経済学から労働価値論を受け継いだといわれるが、むしろ彼は、古典派が重商主義経済学あるいは商人資本主義への批判の中で消してしまった「交換」の契機を再導入したのである。

(15) ヘーゲル『哲学史講義』I、長谷川宏訳、河出文庫、三八〇―三八一頁。
(16) ヘーゲル『哲学史講義』I、三七五頁。
(17) ディオゲネス・ラエルティオス『ギリシア哲学者列伝』下巻、加来彰俊訳、岩波文庫、一一〇頁。
(18) ディオゲネス・ラエルティオス『ギリシア哲学者列伝』下巻、一一六頁。
(19) アリストテレス『形而上学』上巻、四四頁。
(20) 山川偉也『古代ギリシアの思想』一七八頁。
(21) 山川偉也『古代ギリシアの思想』一七九頁。
(22) 『ソクラテス以前哲学者断片集』第II分冊、八九頁。
(23) カーク、レイヴン、スコフィールド『ソクラテス以前の哲学者たち』内山勝利ほか訳、京都大学学術出版会、三三〇頁。
(24) 『ソクラテス以前哲学者断片集』第III分冊、二八九―二九〇頁。
(25) 《彼ら〔レウキッポスとデモクリトス〕の言うところによれば、分割は物体内部にある空虚のところでおこなわれるのであるが、これらのアトムは、無限の空虚(虚空間)のうちに相互にばらばらに離れて存在し、形状と大きさと向きと配列を異にしつつ、空虚の中を運動している。そして、相互に行き合うと衝突して、偶然のままに、あるもの同士ははね返るが、あるもの同士は、形状と大きさと向きと配列との適合性に応じて相互に絡み合って「一つの纏まりを保つ」と、それによって合成体の生成がおこなわれる、とするのである》(『ソクラテス以前哲学者断片集』第Ⅳ分冊、一三頁)。

(26)『ソクラテス以前哲学者断片集』第Ⅱ分冊、一八八頁。

(27)『ソクラテス以前哲学者断片集』第Ⅱ分冊、一六九頁。

(28)ディオゲネス・ラエルティオス『ギリシア哲学者列伝』下巻、五七―五八頁。

(29)『ソクラテス以前哲学者断片集』第Ⅳ分冊、二二二頁。

第五章

(1)アーレントは帝国と帝国主義をつぎのように区別した。《近代の歴史において征服や世界帝国建設の評判が落ちてしまったのには、それなりの理由がある。永続性のある世界帝国を設立し得るのは、国民国家のような政治形態ではなく、ローマ共和政のような本質的に法に基づいた政治形態である。なぜなら、そこには全帝国をになう政治制度を具体的にあらわす、万人に等しく有効な立法という権威が存在するから、それによって征服の後にはきわめて異質な民族集団も実際に統合され得るからである。国民国家はこのような統合の原理を持たない。それはそもそもの初めから同質的住民と政府に対する住民の積極的同意(ルナンの言う「日々の人民投票」)とを前提としているからである。ネイションは領土、民族《フォルク》・人民、国家を歴史的に共有することに基づく以上、帝国を建設することはできない。国民国家は征服を行なった場合には、異質な住民を同化して「同意」を強制するしかない。彼らを統合することはできず、また正義と法に対する自分自身の基準を彼らにあてはめることもできない。したがって、征服を行なえばつねに暴政におちいる危険がある》(『全体主義の起原2　帝国主義』新版、大島通義・大島かおり訳、みすず書房、八―九頁)。

(2)　ポリス間の「平和」を説いたのは貴族派とされる人たちである。トゥキュディデスの『戦史』やアリストファネスの喜劇『女の平和』が示すように。

(3)　ペリクレスは外国出身者がアテネ市民になることを許さない法を作った。が、当の彼自身が、戦争で息子を亡くしたため、愛妾であったミレトス出身のアスパシアとの子に例外的に市民権を与えようとして苦労したのである。

(4)　イオニアからアテネにやって来て知的に活躍したのは男性だけではない。たとえば、ペリクレスの愛妾となったミレトス出身の女性アスパシアは、ペリクレスの有名な演説の草稿を書いたといわれる。ソクラテスも彼女から雄弁術を習ったという。このような女性は異例の存在ではあろうが、アテネの女性がまったく公的な場から斥けられていたことを思えば、彼女の才能はたんに個人的なものではなく、イオニアにあった社会環境によって育まれたと見るべきである。

(5)　ディオゲネス・ラエルティオス『ギリシア哲学者列伝』上巻、加来彰俊訳、岩波文庫、一五〇頁。

(6)　プラトン『ゴルギアス』加来彰俊訳、岩波文庫、一一八頁。

(7)　プラトン『国家』下巻、藤沢令夫訳、岩波文庫、三八頁。
(8)　ディオゲネス・ラエルティオス『ギリシア哲学者列伝』上巻、一三七頁。
(9)　プラトン『ソクラテスの弁明』田中美知太郎訳、「プラトン全集」第一巻、岩波書店、八八―八九頁。
(10)　プラトン『ソクラテスの弁明』一〇〇頁。
(11)　《現実の個別的な人間が、抽象的な公民を自分のうちにとりもどし、個別的人間のままでありながら、その経験的な生活において、その個人的な労働において、その個人的な関係において、類的存在となったときはじめて、つまり、人間が自分の「固有の力(forces propres)」を社会的な力として認識し組織し、したがって社会的な力をもはや政治的な力の形で自分から切りはなさないときにはじめて、そのときにはじめて、人間的解放は完成されたことになるのである》(「ユダヤ人問題によせて1」花田圭介訳、『マルクス＝エンゲルス全集』第一巻、大月書店、四〇七頁)。
(12)　クセノフォン『ソークラテースの思い出』佐々木理訳、岩波文庫、一三六―一三七頁。
(13)　クセノフォン『ソークラテースの思い出』一五一頁。
(14)　クセノフォン『ソークラテースの思い出』一一六頁。
(15)　ハンナ・アーレントは、人間の行為の中で、公人としての活動 action を労働 labor の上位においた。そして、それをアテネの社会を範として説明した。彼女の観点から見れば、ソクラテスは否定されるべきであろう。デモクラシーをイソノミアと区別することによって批判したにもかかわらず、結局、彼女はアテネ的デモクラシーを支持している。

(16) プラトン『ソクラテスの弁明』八八頁。
(17) ヘーゲル『哲学史講義』Ⅱ、長谷川宏訳、河出文庫、一〇九—一一〇頁。
(18) プラトン『ソクラテスの弁明』八六頁。
(19) ディオゲネス・ラエルティオス『ギリシア哲学者列伝』上巻、一三五頁。
(20) フロイトは精神分析運動の初期段階で、分析医が患者の転移がもたらす恋愛沙汰で失敗することを見て、患者から金をとり、治療がビジネスであることを意識されるようにした。ここからふりかえると、ソクラテスがソフィストより「青少年を堕落させた」のはむしろ、彼が金をとらなかったからだといえる。
(21) プラトンが明示した弁証法はつぎのようなものである。《それは、理《ことわり》(ロゴス)がそれ自身で、問答(対話)の力によって把握するところのものであって、この場合、理はさまざまの仮設(ヒュポテシス)を絶対的始原とすることなく、文字どおり〈下に(ヒュポ)置かれたもの(テシス)〉となし、いわば踏み台として、また躍動のための拠り所として取り扱いつつ、それによってついに、もはや仮設ではないものにまで至り、万有の始原に到達することになる。そしていったんその始原を把握したうえで、こんどは逆に、始原に連続し続くものをつぎつぎと触れたどりながら、最後の結末に至るまで下降して行くのであるが、その際、およそ感覚されるものを補助的に用いることはいっさいなく、ただ〈実相〉そのものだけを用いて、〈実相〉を通って〈実相〉へと動き、そして最後に〈実相〉において終るのだ》(『国家』下巻、九〇頁)。
(22) プラトン『ソクラテスの弁明』一一〇頁。
(23) ソクラテスの言葉は、孔子のつぎのような言葉を想起させる。《未だ生を知らず、焉んぞ死を知らん》。《怪力乱神を語らず》(『論語』)。孔子は、死後の世界や神々の存在を否定したのではない。そんなことより大事なことがある、というだけである。
(24) プラトン『ソクラテスの弁明』一一四頁。
(25) アリストテレス『形而上学』上巻、出隆訳、岩波文庫、四六―四七頁。
(26) アリストテレス『形而上学』上巻、四七頁。
(27) プラトンが「ソクラテスの死」を形而上学の心棒としたということに類似するのは、パウロが「イエスの死」に神と人間を結合する契機と見出したことである。プラトンがソクラテスの死にもとづいて「神学」を創ったように、パウロはイエスの死によって、キリスト教の「神学」を創ったのである。
(28) プラトン『ソピステス』藤沢令夫訳、「プラトン全集」第三巻、岩波書店、九五頁。
(29) プラトン『国家』下巻、五六―五七頁。
(30) プラトン『書簡集』長坂公一訳、「プラトン全集」第一四巻、岩波書店、一一一―一一二頁。
(31) プラトン『書簡集』一〇八頁。
(32) プラトン『国家』下巻、二二二頁。
(33) プラトン『国家』上巻、四〇五頁。
(34) プラトン『国家』下巻、一〇九頁。
(35) プラトン『ポリティコス』水野有庸訳、「プラトン全集」第三巻、岩波書店、三四六頁。
(36) プラトン『ポリティコス』三四八―三四九頁。

(37) カール・ポパーは『開かれた社会とその敵』において、イソノミアという概念を使っている。彼によれば、イソノミアは次の三つの原理にある。①出生、血縁、富などの自然的特権を認めない、②個人主義的である、③市民の自由を保護することが国家の任務であり目的である。一方、プラトンはその反対である。①自然的特権を認める、②全体主義的である、③国家の安定を維持し強化することが個人の任務であり目的である、と考える。ゆえに、プラトンは「開かれた社会の敵」である。しかし、ポパーがイソノミアと呼んでいるものは、その名に値しない。それはアテネのデモクラシー、というよりむしろ、アメリカ的な自由民主主義の如きものである。そこでは人々は法的には平等であるが、経済的には不平等である。したがって、多数派が権力をとって、不平等を再分配によって解消する、というのがデモクラシー(多数派支配)である。それに対して、イソノミアはたんに法的に平等であるだけでなく、経済的にも不平等が生じないようなシステムを意味する。そのようなイソノミアはイオニアにはあったが、アテネにはなかった。アテネに存在したのはデモクラシーであり、それは危機的となると、僭主政ないしデマゴーグ支配に転化する。

つぎに重要なのは、僭主政と哲人王の類似性と差異である。二〇世紀でいえば、デモクラシーから僭主政やデマゴーグ支配が生じるケースとして、ファシズムがある。それに対して、プラトンのいう哲人王に該当するのは、ボルシェヴィズム(レーニン主義)である。それは理性的になされる統治である。それらに対して、ポパーは自由民主主義を対置したわけである。しかし、自由民主主義は真に「開かれた社会」なのではない。それはアテネのデモクラシーにおいてそうであったように、多くの矛盾をかかえている。ソ連邦崩壊とともに、「哲人王」の理念は消滅した。その時点で、自由民主主義の勝利によって歴史が終ったと、ヘーゲル主義者フランシス・フクヤマは主張した。だが、哲人王の理念はもはや機能しないだろうが、自由民主主義のほうも機能不全となる。このような議論において完全に忘れられているのは、「イソノミア」という理念である。

(38) プラトン以後の形而上学に対する批判は、ニーチェ以来、「ソクラテス以前の哲学」を持ち上げることによってなされてきた。その中で、例外的な人物の一人は、ジャック・デリダである。彼がいうディコンストラクションとは、ある命題をいったん受け入れた上で、そこからそれに反対の命題を導き出して「決定不能性」に追いこみそれを自壊させるものであるが、それはソクラテスの方法にほかならない。デリダはプラトン的形而上学の批判を、ソクラテス以前の哲学ではなく、ソクラテスを再導入することによってなそうとしたのである。しかし、彼はなぜかそのことを語らなかった。もう一人の人物、ミシェル・フーコーは「ソクラテス以前の哲学」について語ることはなかった。むしろ彼は、最晩年の講義『真理の勇気』が示すように、ソクラテスとともに始まる哲学を積極的に評価しようとした。それはソクラテスを、パレーシア(真理を語ること)への勇気をもった人物として見ることである。むろん、彼がソクラテスを評価するのは、プラトンにつながるような形而上学的側面ではなく、ディオゲネスにつながるような実践的側面においてであった。その意味で、フーコーはプラトン的形而上学への闘争の鍵を、ソクラテスに見出したといってよい。

附録　『世界史の構造』から『哲学の起源』へ

『世界史の構造』は、社会構成体の歴史を「交換様式」から見る企てである。それは社会構成体の歴史を経済的土台から見たマルクスを受け継ぐものである。ただ、マルクスは経済的土台を「生産様式」において見た。具体的にいうと、それは社会構成体の歴史を、誰が生産手段を所有するかという観点から見ることである。しかし、このような観点からは、さまざまな難点が生じる。たとえば、近代以前の社会については十分に理解できないし、宗教やネーションといった上部構造とのつながりも説明できない。

そこで、私は「交換様式」という観点から見ることを提起したのである。「交換様式」には四つのタイプがある。A 贈与の互酬、B 支配と保護、C 商品交換、およびそれらを越える何かとしてのD(図1)。

この中で、通常「交換」と考えられるのは商品交換、すなわち交換様式Cである。しかし、共同体や家族の内部で見られるのは、そのような交換ではなく、贈与とお返しという互酬交換、すなわち交換様式Aである。つぎに、交換様式Bは、一見すると交換とは見えないようなタイプの交換である。たとえば、被支配者が支配者に服従し納税することによって安寧を得るというような交換がそれである。国家はこのような交換様式Bにもとづくのである。さらに、交換様式Cは、一見すると自由で対等な交換でありながら、貨幣をもつ者と商品をもつ者の間の非対称性があるため、Bのそれとは異なるタイプの階級関係をもたらす。

最後に交換様式Dは、交換様式Aが交換様式B・Cによって解体されたのちに、それを高次元で回復するものである。いいかえれば、互酬原理によって成り立つ社会が国家の支配や貨幣経済の浸透によって解体されたとき、そこにあった互酬的＝相互扶助的な関係を高次元で回復するものがDである。Dに関して重要な点は、A・B・Cと異なり、想像的な次元に存在するということである。といっても、それは実現されえないということではない。また、Dはたとえ想像的なものであるとしても、たんなる人間の願望や想像ではなく、むしろ人間の意志に反して課される命令＝義務として生まれてくるものである。以上の点は、交換様式Dが先ず普遍宗教において開示されたということを示唆するものである。

どんな社会構成体も四つの交換様式の接合からなっている。ただ、それらはどの交換様式が支配的であるかによって違ってくる。たとえば、国家以前の氏族社会では、交換様式Aが支配的である。そこには交換様式BやCの要素も存在するのだが、Aによって抑えこまれているのである。つぎに、国家社会では、交換様式Bが支配的であるが、ここにも交換様式AやCも存在する。たとえば、農村共同体が存在し、都市には商工業が発達する。ただ、それらは交換様式B、すなわち専制国家ないし封建的国家によって統制されている。つぎに、近代資本制社会では交換様式Cが支配的となるが、それまでの交換様式A・Bも存続する、ただし、変形されたかたちで。すなわち、封建国家における賦役貢納は、近代国家において兵役や課税に変形され、解体された農業共同体は「想像の共同体」としてのネーションに変形される。かくして、資本＝ネーション＝国家という接合体が形成される。それが現在の社会構成体である（図2）。

以上は、各々の社会構成体の考察である。現実には、社会構成体は単独で存在するのではなく、他の社会構成体との関係において、つまり「世界システム」において存在する。したがって、社会構成体

B　略取と再分配（支配と保護）	A　互　酬（贈与と返礼）
C　商品交換（貨幣と商品）	D　X

図1　交換様式

B　国　家	A　ネーション
C　資　本	D　X

図2　資本＝ネーション＝国家の構造

B　世界＝帝国	A　ミニ世界システム
C　世界＝経済（近代世界システム）	D　世界共和国

図3　世界システムの諸段階

の歴史は、世界システムの歴史として見なければならない。世界システムの歴史も、社会構成体と同様に、交換様式から理解することができる。つまり、それは四つの段階に分けられる。

第一に、交換様式A(互酬)によって形成されるミニ世界システム。第二に、交換様式Bによって形成される世界＝帝国。第三に、商品交換様式Cによって形成される世界＝経済。世界＝経済は古代ギリシアにもあったが、特に近代のそれを、ウォーラーステインにならって「近代世界システム」と呼ぶことにする。そこでは、社会構成体は、資本＝ネーション＝国家というかたちをとる。最後に、それを越える新たなシステムが考えられる。それは、交換様式Dによって形成される世界システムである。カントが「世界共和国」と呼んだものは、これである(図3)。

『世界史の構造』は、社会構成体＝世界システムの変化がいかにして生じてきたかを解明するとともに、それが今後いかにして新たな世界システムに移行しうるかを考察するものである。そのなかでも重要なのは、遊動民から最初の氏族社会ないし氏族連合体への移行という問題である。マルセル・モース以来、アルカイックな社会では交換様式A(贈与の互酬性)が支配的な原理であることは一般に承認されている。しかし、そのような原理は、太古からあった遊動的な狩猟採集民のバンド社会には存在しなかった。そこでは、生産物は蓄積が不可能であるがゆえに共同寄託(プール)され平等に分配された。

これは純粋贈与であって、お返しを強いる互酬的贈与ではない。そのため、個人を規制する集団の力が弱く、婚姻関係も永続的ではなかった。したがって、各人は自由であるとともに平等であった。

それに対して、互酬性原理にもとづく氏族社会は、遊動民が定住したのちに形成されたのである。定住によって富の蓄積が可能となるが、そのことは富や権力の差異、階級分解をもたらさずにいない。氏族社会はその危険性を、贈与・返礼の義務によって封じこめた。彼らは意図的にそうしたわけではない。そのような互酬原理は、遊動民たちにあった純粋贈与が「抑圧されたものの回帰」(フロイト)として、強迫的なかたちであらわれたものである。このため、氏族社会においては、人々は平等ではあるが、共同体に強く拘束され、自由な個人として存在することができないのである。

氏族社会の起源という問題がとりわけ重要なのは、つぎの理由からである。マルクスやエンゲルスは太古に「原始共産制」を想定し、発達した資本主義の上にそれが回復されるところに未来の共産主義社会を想定した。このことの難点は、彼らが「原始共産制」のモデルをモーガンに倣って氏族社会に見出したことである。私の考えでは、それは氏族社会ではなく、それ以前の遊動民社会に見出されるべきであった。

では、なぜ彼らは遊動民社会と氏族社会の違いに注意を払わなかったのか。それは、彼らが社会構成体の歴史を「生産様式」という観点から見たためである。つまり、生産手段が共有されているという観点から見ると、遊動民社会と氏族社会の違いはほとんどない。ところが、「交換様式」の観点から見ると、それらの違い、すなわち純粋贈与と互酬的贈与の違い、いいかえれば、個人が自由であるか互酬性によって縛られているかの違いは決定的に大きい。

このように束縛を強いる氏族社会を始原に置くことの難点は、それを高次元で回復することの意義を示せないことである。そこからはむしろ、生産手段の共有にのみ力点をおく全体主義的社会が生じることになる。

交換様式Aは、交換様式BとCが支配的となった段階でも存続する。たとえば、貨幣経済がいかに浸透しても、Aは共同体や家族の中に残る。先に私は、交換様式Dとは、交換様式BとCが支配的となった段階に、それらによって抑圧された交換様式Aが回帰してくるものだと述べた。しかし、Dは、Aあるいは共同体のたんなる回復ではない。Aを高次元で回復するということは、先ずAを否定することなしにはありえないのである。

先に、私はAを遊動社会にあった平等性の強迫的な回帰として説明した。Aが人間に対して強迫的な義務としてあらわれたように、Aを否定することもまた人間の意志を越えたものでなければならない。つまり、人がAの回復を願ったことで、Dがあらわれるわけではない。Dはむしろ、神あるいは天によって人間に課された「義務」としてあらわれる。いいかえれば、Dは、呪術的＝互酬的な宗教を否定する、普遍宗教として到来したのである。

普遍宗教は、世界帝国が形成される時期、すなわち交換様式BとCの優越の下に氏族共同体が解体され、また階級的分解が進行した時期にあらわれた。この現象は、紀元前五、六世紀頃、西アジアと東アジアにおいて並行的に生じた。

普遍宗教は交換様式Dを実現しようとするものであるから、本性的に社会主義的な運動であった。実際、一九世紀半ばにいたるまで、世界各地の社会運動は普遍宗教という衣裳のもとでなされてきたのである。それ以後、社会主義運動は宗教性を否定して〝科学的〟となった。が、そのような社会主義は結局、交換様式BやCが支配的であるような社会しか実現しなかったため、魅力を失ってしまった。にもかかわらず、交換様式BとCが支配的であるかぎり、それらを越えようとする衝迫が絶えることはない。つまり、何らかのかたちで、交換様式Dが追求される。それは、しかし、宗教的なかたちをとるほかないだろうか。

普遍宗教は、国家や共同体(交換様式BやA)に従属する宗教への批判、いいかえれば、祭司・神官の支配に対する批判から生まれる。だが、そうだとしても、そのような批判はやはり宗教の枠組に回収されてしまわざるをえない。つまり、新たな祭司・神官の支配に帰着する。いいかえれば、宗教は国家に回収されてしまうのである。そこで私は

『世界史の構造』において、交換様式Dが普遍宗教としてあらわれることを強調しながら、その一方で、交換様式Dが宗教というかたちをとることなしにあらわれることはないのか、と考えた。私はその最初の事例を、イオニアの政治と思想に見出した。これは驚くべき発見であったが、ただ『世界史の構造』ではそれについて十分に展開できなかった。そこで、続編である本書で、その課題を果たそうとしたのである。

岩波現代文庫版あとがき

本書の序文に記したように、私は『世界史の構造』(二〇一〇年六月刊、岩波現代文庫版、二〇一五年一月刊)を書いていたとき、古代ギリシアの哲学についてもっと詳しく論じたいと思った。しかし、それは哲学の歴史を書くことではなかった。つまり、私がその起源を考察しようとした「哲学」は、宗教や政治とは別にあるような何かではなかった。それはむしろ「宗教」といっても「政治」といってもよいものであった。

そのことは何よりも、ソクラテスにおいて明らかである。通常、ソクラテスの功績は、イオニアで発展した自然哲学に対して、哲学の重心を倫理的かつ内省的な次元に移したことにあると見られている。しかし、ソクラテスがおこなったのは、そのようなことではない。彼がアテネにもちこんだのは、新しい哲学というより新しい政治である。それはデモクラシー(デモスの支配)にもとづく政治ではなく、それを斥けるものであった。私の考えでは、それはかつてイオニアで自然哲学が栄えた時代にあった「イソノミア」(無支配)を取り戻すことにほかならなかった。

具体的にいうと、彼は議会には行かず、広場に行って一般の人びとと一対一で議論したのである。しかし、彼がそのように活動したのは、ダイモン(霊)にこう言われたからだ。正義のために活動せよ、だが、議会には行くな、と。つまり、彼の行動は、哲学的な反省によるようなものではない。ある意味で、それは「宗教」である。つまり、そこに新たな宗教が出現したといってもよい。といっても、それは、彼が法廷でその罪を問われたように「新たな神」を導入したということを意味するのではない。

私は本文でつぎのように述べた。《アリストファネスの『雲』では、〝ソクラテス〟は、ゼウスの名を口にした主人公を、「クロノス時代のにおいがするぞ、原始時代の感覚だ」と嘲笑するような人物として描かれている。では、ソクラテスがダイモンというとき、訴状にあるように、オリンポスの神々にかわって、新たな神を導入したことになるだろうか。実は、ダイモンは、ゼウスなどのオリンポスの擬人化された神々より古い、まさに「原始時代の感覚」に属する。それはむしろアテネの庶民になじみがあるものだった》(第五章、二〇二頁)。

交換様式の観点から見ると、ダイモンは「原始時代」にあった様式A(互酬交換)とつながるものであり、それがソクラテスを通して、様式Dとして回帰したといってよい。それは、自然哲学が隆盛した時期のイオニアにあったイソノミアをアテネにおいて回復する企てにほかならなかった。その結果として、ソクラテスは処刑された。したがって、私がここで「哲学の起源」と呼んだ出来事は、狭義の哲学の問題として考えられるようなものではない。そこで、本書の英語版では『イソノミアと哲学の起源』(*Isonomia and the Origins of Philosophy*)と改題したのだが、本文庫では、混乱を避けるために元のままとした。ただ、私の意図が諒解いただけることを願うばかりである。

文庫化にあたっては、中西沢子氏のお世話になった。厚く感謝する。

二〇一九年一一月四日　於ニューヘイヴン

柄谷行人

トラキア
マケドニア
アブデラ
ペラ
テッサリア
ヘレスポントス海峡
ポテイダイア
トロイア
オリンポス山
エーゲ海
レスボス
リディア
イオニア
キュメ
アクティオン
スミルナ
キオス
クラゾメナイ
デルフォイ
アスクラ
テオス
テバイ
コロフォン
アテネ
マラトン
サモス
エフェソス
コリントス
ミレトス
アッティカ
ミケーネ
ハリカルナッソス
ペロポネソス
スパルタ
コス
ロードス
クレタ
クノッソス

関連地図

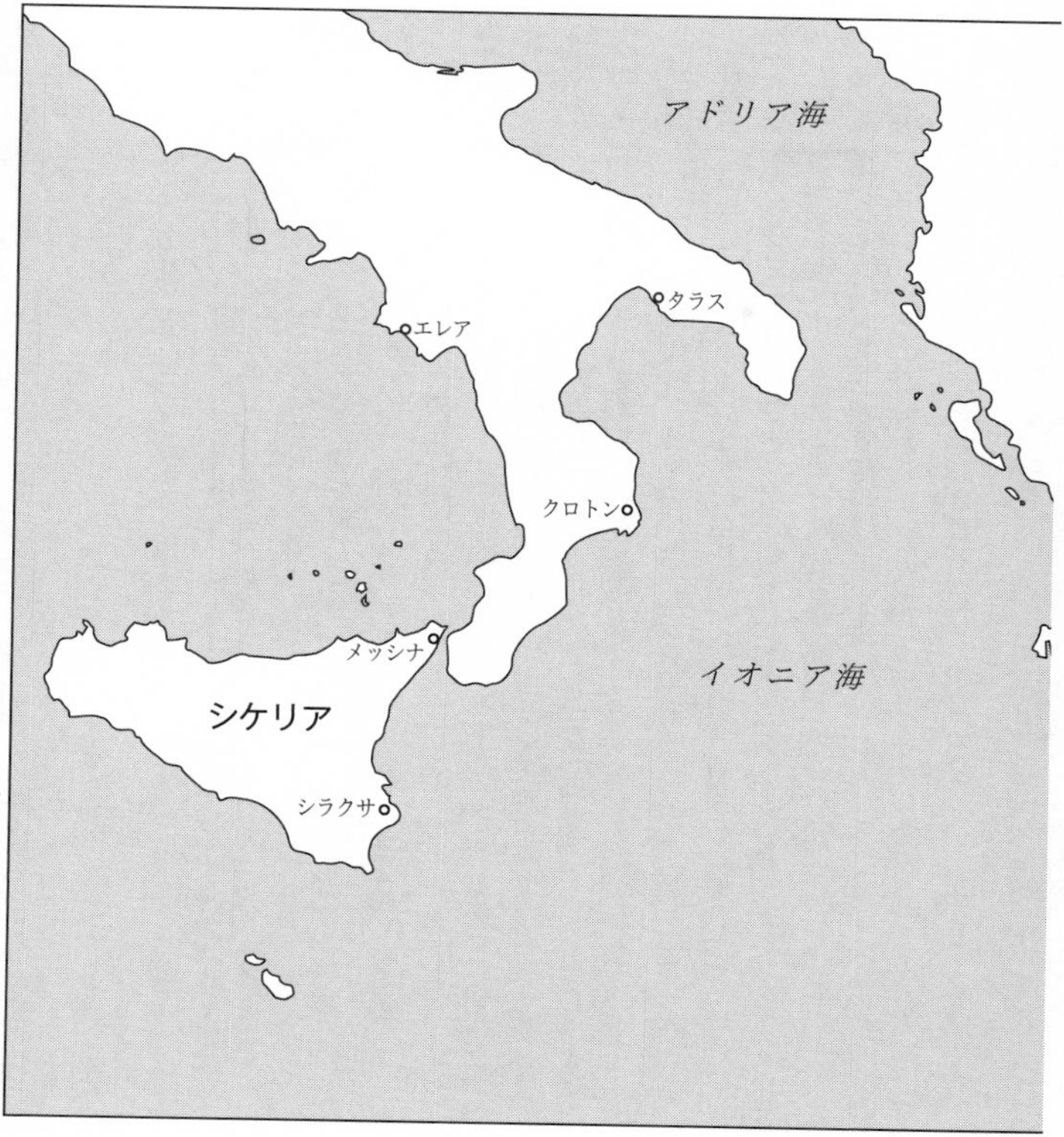

古代ギリシア

古代ギリシア史年表（年号はすべて紀元前）

一〇五〇頃	ギリシア本土からイオニア等へのギリシア人の移住始まる。
一〇〇〇頃	ダビデ、全イスラエルの王となる。
九六〇頃	ソロモン、ダビデの王位を継ぐ。
九三一	統一イスラエル王国、北のイスラエル王国と南のユダ王国とに分裂。
七七六	オリンピア競技会の開催始まる。
七五〇頃	ギリシア各地にポリス（都市国家）成立。地中海、黒海沿岸への植民活動盛んとなる（イオニア植民都市の成立）。またこの頃、ギリシア語アルファベットが成立。
七三〇頃	ホメロス『イリアス』『オデュッセイア』成立（古いイオニア方言による）。
七二一	アッシリア、イスラエル王国を滅ぼす。
七〇〇頃	ヘシオドス『仕事と日』『神統記』成立。
六八三	（アテネ）アルコン（執政官）の任期一年となる（貴族政の時代）。
六六〇頃	ギリシア各地で立法者・僭主の時代始まる（前五〇〇年頃まで）。
六二一	（アテネ）ドラコンによる立法（貴族政動揺期）。
六〇〇頃	（アテネ）中小農民の債務奴隷化が進行。
五九七	新バビロニア、エルサレムを支配（第一回バビロン捕囚）。このころバビロンにバベルの塔や「空中庭園」が建設される。

五九四	(アテネ)ソロンの改革。
五八六	新バビロニア、エルサレムを徹底破壊、ユダ王国滅亡(第二回バビロン捕囚)。
五六一	イオニアの諸都市、リディアに征服される。
五六〇	(アテネ)ペイシストラトス家の僭主政治始まる(～前五一〇)。
五四六	イオニア諸都市、リディアを併合したペルシアの支配を受けるようになる。ペルシアはまもなく新バビロニアも滅ぼし、統一を達成する。
五三八	(サモス島)ポリュクラテスの僭主政治始まる。
五〇八	(アテネ)クレイステネスの改革。
四九九	イオニア諸都市で、ペルシアを後ろ盾とする僭主への反乱が勃発(イオニアの反乱～前四九四)。アテネ、イオニアに援軍を送る。
四九四	イオニアのミレトス、ペルシア軍に占領される。
四九〇	ペルシア戦争始まる。アテネ軍、マラトンでペルシア軍を破る。
四八一	ペルシアの攻撃に備えてギリシアの三一ヵ国が連合。
四八〇	第二次ペルシア戦争始まる。
四七八	アテネを盟主としてデロス同盟結成。
四五四	(アテネ)デロス同盟の金庫を自国に移管。アテネの帝国化。
四四九	ペルシア戦争終結。
四四七	(アテネ)パルテノン神殿の建設始まる。
四四三	(アテネ)ペリクレスの政治的指導権確立。

四三一	ペロポネソス戦争勃発(〜前四〇四)。
四三〇	(アテネ)疫病流行し、ペリクレス没。
四二一	アテネ・スパルタ間にニキアスの和約。
四一六	アテネ、メロス島に侵攻。男子市民を処刑、女子を奴隷とする。
四一三	アテネ・スパルタ間に戦争再開。アテネの同盟都市は次々に離反。スパルタはペルシアの支援を得る。
四一一	(アテネ)寡頭派の革命起こり、四〇〇人支配体制成立。
四〇四	(アテネ)スパルタに降伏(ペロポネソス戦争終結)。スパルタの後援で「三〇人僭主政治」始まる。
四〇三	(アテネ)民主政治復活。(シチリア)ディオニュシオス王、シチリア全島を支配。
三九九	ソクラテス刑死。
三九八	プラトン、シチリアにわたる。
三八七	(アテネ)プラトン、アカデメイア創設。
三五九	(マケドニア)フィリポス二世即位。
三三八	マケドニア軍、アテネ・テーバイ連合軍を破る。
三三六	(マケドニア)アレクサンドロス三世、フィリポス二世を継いで王となる(アレクサンドロス大王)。

思想家年表

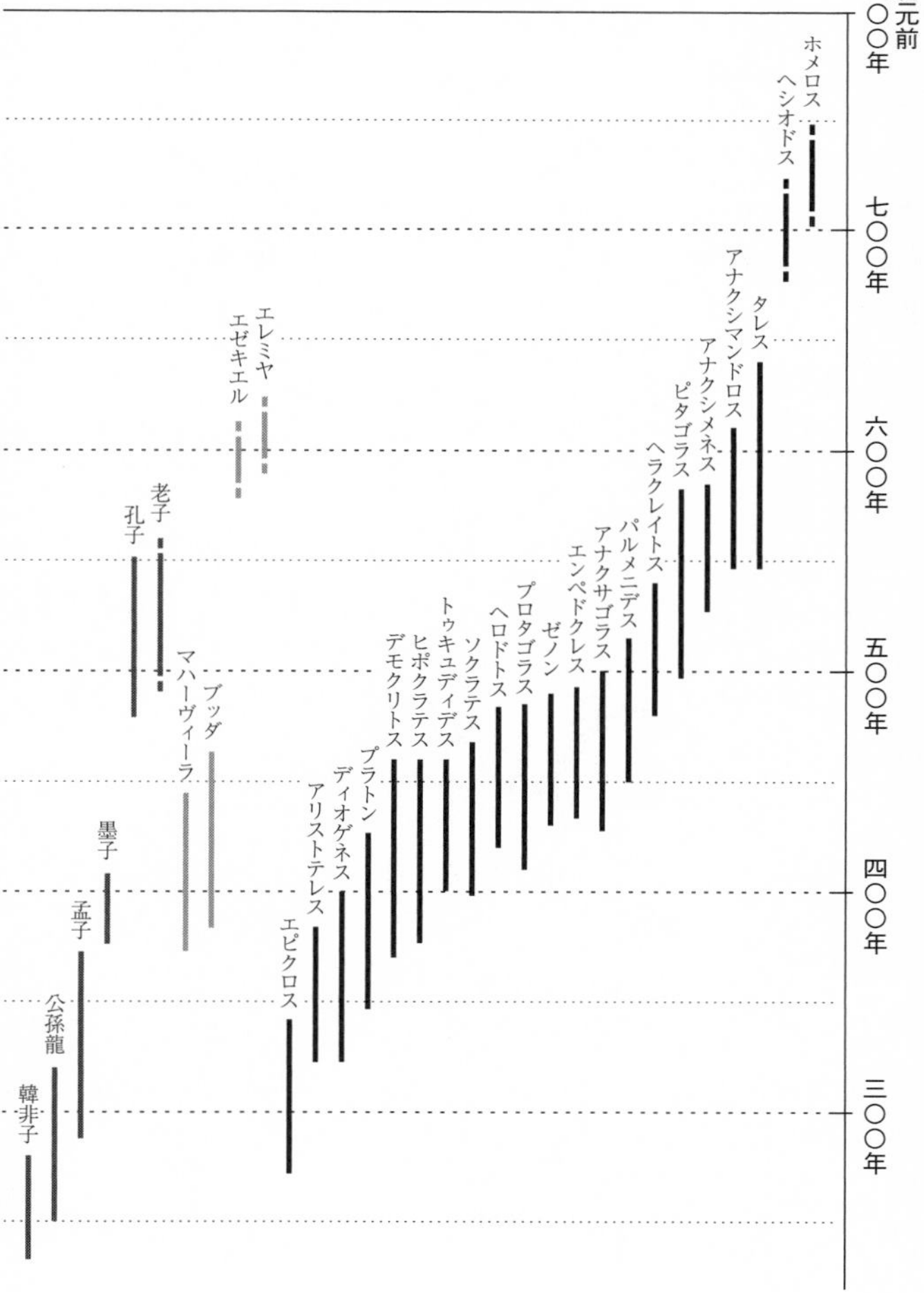
紀元前
八〇〇年
七〇〇年
六〇〇年
五〇〇年
四〇〇年
三〇〇年
ホメロス
ヘシオドス
タレス
アナクシマンドロス
アナクシメネス
ピタゴラス
ヘラクレイトス
パルメニデス
アナクサゴラス
エンペドクレス
ゼノン
プロタゴラス
ヘロドトス
ソクラテス
トゥキュディデス
ヒポクラテス
デモクリトス
プラトン
ディオゲネス
アリストテレス
エピクロス
ブッダ
マハーヴィーラ
エレミヤ
エゼキエル
老子
孔子
墨子
孟子
公孫龍
韓非子

本書は二〇一二年一一月、岩波書店より刊行された。

哲学の起源

2020 年 1 月 16 日　第 1 刷発行
2023 年 1 月 16 日　第 3 刷発行

著　者　柄谷行人《からたにこうじん》

発行者　坂本政謙

発行所　株式会社 岩波書店
〒101-8002 東京都千代田区一ツ橋 2-5-5

案内 03-5210-4000　営業部 03-5210-4111
https://www.iwanami.co.jp/

印刷・精興社　製本・中永製本

ISBN 978-4-00-600413-2　　Printed in Japan

岩波現代文庫創刊二〇年に際して

二一世紀が始まってからすでに二〇年が経とうとしています。この間のグローバル化の急激な進行は世界のあり方を大きく変えました。世界規模で経済や情報の結びつきが強まるとともに、国境を越えた人の移動は日常の光景となり、今やどこに住んでいても、私たちの暮らしは世界中の様々な出来事と無関係ではいられません。しかし、グローバル化の中で否応なくもたらされる「他者」との出会いや交流は、新たな文化や価値観だけではなく、摩擦や衝突、そしてしばしば憎悪までをも生み出しています。グローバル化にともなう副作用は、その恩恵を遥かにこえていると言わざるを得ません。

今私たちに求められているのは、国内、国外にかかわらず、異なる歴史や経験、文化を持つ「他者」と向き合い、よりよい関係を結び直してゆくための想像力、構想力ではないでしょうか。

新世紀の到来を目前にした二〇〇〇年一月に創刊された岩波現代文庫は、この二〇年を通して、哲学や歴史、経済、自然科学から、小説やエッセイ、ルポルタージュにいたるまで幅広いジャンルの書目を刊行してきました。一〇〇〇点を超える書目には、人類が直面してきた様々な課題と、試行錯誤の営みが刻まれています。読書を通した過去の「他者」との出会いから得られる知識や経験は、私たちがよりよい社会を作り上げてゆくために大きな示唆を与えてくれるはずです。

一冊の本が世界を変える大きな力を持つことを信じ、岩波現代文庫はこれからもさらなるラインナップの充実をめざしてゆきます。

（二〇二〇年一月）

岩波現代文庫［学術］

G387
『碧巌録』を読む
末木文美士

「宗門第一の書」と称され、日本の禅に多大な影響をあたえた禅教本の最高峰を平易に読み解く。「文字禅」の魅力を伝える入門書。

G388
永遠のファシズム
ウンベルト・エーコ
和田忠彦訳

ネオナチの台頭、難民問題など現代のアクチュアルな問題を取り上げつつファジーなファシズムの危険性を説く、思想的問題提起の書。

G389
自由という牢獄
―責任・公共性・資本主義―
大澤真幸

大澤自由論が最もクリアに提示される主著が文庫に。自由の困難の源泉を探り当て、その新しい概念を提起。河合隼雄学芸賞受賞作。

G390
確率論と私
伊藤清

日本の確率論研究の基礎を築き、多くの俊秀を育てた伊藤清。本書は数学者になった経緯や数学への深い思いを綴ったエッセイ集。

G391-392
幕末維新変革史（上・下）
宮地正人

世界史的一大変革期の複雑な歴史過程の全容を、維新期史料に通暁する著者が筋道立てて描き出す、幕末維新通史の決定版。下巻に略年表・人名索引を収録。

2023. 1

G393

不平等の再検討
―潜在能力と自由―

アマルティア・セン
池本幸生
野上裕生訳
佐藤　仁

不平等はいかにして生じるか。所得格差の面からだけでは測れない不平等問題を、人間の多様性に着目した新たな視点から再考察。

G394-395

墓標なき草原（上・下）
―内モンゴルにおける文化大革命・虐殺の記録―

楊　海　英

文革時期の内モンゴルで何があったのか。体験者の証言、同時代資料、国内外の研究から、隠蔽された過去を解き明かす。司馬遼太郎賞受賞作。〈解説〉藤原作弥

G396

過労死・過労自殺の現代史
―働きすぎに斃れる人たち―

熊　沢　誠

ふつうの労働者が死にいたるまで働くことによって支えられてきた日本社会。そのいびつな構造を凝視した、変革のための鎮魂の物語。

G397

小林秀雄のこと

二宮正之

自己の知の限界を見極めつつも、つねに新たな知を希求し続けた批評家の全体像を伝える本格的評論。芸術選奨文部科学大臣賞受賞作。

G398

反転する福祉国家
―オランダモデルの光と影―

水島治郎

「寛容」な国オランダにおける雇用・福祉改革と移民排除。この対極的に見えるような現実の背後にある論理を探る。

2023. 1

岩波現代文庫[学術]

G399
テレビ的教養
―一億総博知化への系譜―
佐藤卓己

「一億総白痴化」が危惧された時代から約半世紀。放送教育運動の軌跡を通して、〈教養のメディア〉としてのテレビ史を活写する。〈解説〉藤竹 暁

G400
ベンヤミン
―破壊・収集・記憶―
三島憲一

二〇世紀前半の激動の時代に生き、現代思想に大きな足跡を残したベンヤミン。その思想と生涯に、破壊と追憶という視点から迫る。

G401
新版 天使の記号学
―小さな中世哲学入門―
山内志朗

世界は〈存在〉という最普遍者から成る生地の上に性的欲望という図柄を織り込む。〈存在〉のエロティシズムに迫る中世哲学入門。〈解説〉北野圭介

G402
落語の種あかし
中込重明

博覧強記の著者は膨大な資料を読み解き、落語成立の過程を探り当てる。落語を愛した著者面目躍如の種あかし。〈解説〉延広真治

G403
はじめての政治哲学
デイヴィッド・ミラー
山岡龍一
森 達也 訳

哲人の言葉でなく、普通の人々の意見・情報を手掛かりに政治哲学を論じる。最新のものまでカバーした充実の文献リストを付す。〈解説〉山岡龍一

2023.1

岩波現代文庫[学術]

G409
普遍の再生
—リベラリズムの現代世界論—
井上達夫

平和・人権などの普遍的原理は、米国の自国中心主義や欧州の排他的ナショナリズムにより、いまや危機に瀕している。ラディカルなリベラリズムの立場から普遍再生の道を説く。

G410
人権としての教育
堀尾輝久

『人権としての教育』(一九九一年)に「「国民の教育権と教育の自由」論再考」と「憲法と新・旧教育基本法」を追補。その理論の新しさを提示する。〈解説〉世取山洋介

G411
増補版 民衆の教育経験
—戦前・戦中の子どもたち—
大門正克

子どもが教育を受容してゆく過程を、国民国家による統合と、民衆による捉え返しとの間の反復関係(教育経験)として捉え直す。〈解説〉安田常雄・沢山美果子

G412
「鎖国」を見直す
荒野泰典

江戸時代の日本は「鎖国」ではなく「四つの口」で世界につながり、開かれていた——「海禁・華夷秩序」論のエッセンスをまとめる。

G413
哲学の起源
柄谷行人

アテネの直接民主制は、古代イオニアのイソノミア(無支配)再建の企てであった。社会構成体の歴史を刷新する野心的試み。

2023.1

G414
『キング』の時代
―国民大衆雑誌の公共性―
佐藤卓己

伝説的雑誌『キング』――この国民大衆誌を分析し、「雑誌王」と「講談社文化」が果たした役割を解き明かした雄編がついに文庫化。〈解説〉與那覇 潤

G415
近代家族の成立と終焉 新版
上野千鶴子

ファミリィ・アイデンティティの視点から家族の現実を浮き彫りにし、家族が家族であるための条件を追究した名著、待望の文庫化。「戦後批評の正嫡 江藤淳」他を新たに収録。

G416
兵士たちの戦後史
―戦後日本社会を支えた人びと―
吉田 裕

戦友会に集う者、黙して往時を語らない者……戦後日本の政治文化を支えた人びとの意識のありようを「兵士たちの戦後」の中にさぐる。〈解説〉大串潤児

G417
貨幣システムの世界史
黒田明伸

貨幣の価値は一定であるという我々の常識に反する、貨幣の価値が多元的であるという事例は、歴史上、事欠かない。謎に満ちた貨幣現象を根本から問い直す。

G418
公正としての正義 再説
ジョン・ロールズ
エリン・ケリー編
田中成明
亀本 洋
平井亮輔 訳

『正義論』で有名な著者が自らの理論的到達点を、批判にも応えつつ簡潔に示した好著。文庫版には「訳者解説」を付す。

2023. 1

G419
新編 つぶやきの政治思想
李 静和
秘められた悲しみにまなざしを向け、声にならないつぶやきに耳を澄ます。記憶と忘却、証言と沈黙、ともに生きることをめぐるエッセイ集。鵜飼哲・金石範・崎山多美の応答も。

G420-421
ロールズ 政治哲学史講義(Ⅰ・Ⅱ)
ジョン・ロールズ
サミュエル・フリーマン編
齋藤純一ほか訳
ロールズがハーバードで行ってきた「近代政治哲学」講座の講義録。リベラリズムの伝統をつくった八人の理論家について論じる。

G422
企業中心社会を超えて
―現代日本を〈ジェンダー〉で読む―
大沢真理
長時間労働、過労死、福祉の貧困……。大企業中心の社会が作り出す歪みと痛みをジェンダーの視点から捉え直した先駆的著作。

G423
増補「戦争経験」の戦後史
―語られた体験/証言/記憶―
成田龍一
社会状況に応じて変容してゆく戦争についての語り。その変遷を通して、戦後日本社会の特質を浮き彫りにする。〈解説〉平野啓一郎

G424
定本 酒呑童子の誕生
―もうひとつの日本文化―
髙橋昌明
酒呑童子は都に疫病をはやらすケガレた疫鬼だった――緻密な考証と大胆な推論によって物語の成り立ちを解き明かす。〈解説〉永井路子

岩波現代文庫[学術]

G425
岡本太郎の見た日本
赤坂憲雄

東北、沖縄、そして韓国へ。旅する太郎が見出した日本とは。その道行きを鮮やかに読み解き、思想家としての本質に迫る。

G426
政治と複数性
―民主的な公共性にむけて―

齋藤純一

「余計者」を見棄てようとする脱-実在化の暴力に抗し、一人ひとりの現われを保障する。開かれた社会統合の可能性を探究する書。

G427
増補 エル・チチョンの怒り
―メキシコ近代とインディオの村―

清水透

メキシコ南端のインディオの村に生きる人びとにとって、国家とは、近代とは何だったのか。近現代メキシコの激動をマヤの末裔たちの視点に寄り添いながら描き出す。

G428
哲おじさんと学くん
―世の中では隠されているいちばん大切なことについて―

永井均

自分は今、なぜこの世に存在しているのか？友だちや先生にわかってもらえない学くんの疑問に哲おじさんが答え、哲学的議論へと発展していく、対話形式の哲学入門。

G429
マインド・タイム
―脳と意識の時間―

ベンジャミン・リベット
下條信輔
安納令奈 訳

実験に裏づけられた驚愕の発見を提示し、脳と心や意識をめぐる深い洞察を展開する。脳神経科学の歴史に残る研究をまとめた一冊。〈解説〉下條信輔

G435
宗教と科学の接点
河合隼雄

「たましい」「死」「意識」など、近代科学から取り残されてきた、人間が生きていくために大切な問題を心理療法の視点から考察する。〈解説〉河合俊雄

G436
増補 軍隊と地域
―郷土部隊と民衆意識のゆくえ―

荒川章二

一八八〇年代から敗戦までの静岡を舞台に、矛盾を孕みつつ地域に根づいていった軍が、民衆生活を破壊するに至る過程を描き出す。

G437
歴史が後ずさりするとき
―熱い戦争とメディア―

ウンベルト・エーコ
リッカルド・アマデイ訳

歴史があたかも進歩をやめて後ずさりしはじめたかに見える二十一世紀初めの政治・社会の現実を鋭く批判した稀代の知識人の発言集。

G438
増補 女が学者になるとき
―インドネシア研究奮闘記―

倉沢愛子

インドネシア研究の第一人者として知られる著者の原点とも言える日々を綴った半生記。「補章　女は学者をやめられない」を収録。

G439
完本 中国再考
―領域・民族・文化―

葛兆光
辻康吾監訳
永田小絵訳

「中国」とは一体何か？　複雑な歴史がもたらした国家アイデンティティの特殊性と基本構造を考察し、現代の国際問題を考えるための視座を提供する。

岩波現代文庫[学術]

G445-446
ねじ曲げられた桜(上・下)
―美意識と軍国主義―
大貫恵美子
桜の意味の変遷と学徒特攻隊員の日記分析を通して、日本国家と国民の間に起きた「相互誤認」を証明する。〈解説〉佐藤卓己

G447
正義への責任
アイリス・マリオン・ヤング
岡野八代
池田直子 訳
自助努力が強要される政治の下で、人びとが正義を求めてつながり合う可能性を問う。ヌスバウムによる序文も収録。〈解説〉土屋和代

G448-449
ヨーロッパ覇権以前(上・下)
―もうひとつの世界システム―
J.L.アブー=ルゴド
佐藤次高ほか訳
近代成立のはるか前、ユーラシア世界は既に一つのシステムをつくりあげていた。豊かな筆致で描き出されるグローバル・ヒストリー。

G450
政治思想史と理論のあいだ
―「他者」をめぐる対話―
小野紀明
政治思想史と政治的規範理論、融合し相克する二者を「他者」を軸に架橋させ、理論の全体像に迫る、政治哲学の画期的な解説書。

G451
平等と効率の福祉革命
―新しい女性の役割―
G.エスピン=アンデルセン
大沢真理監訳
キャリアを追求する女性と、性別分業に留まる女性との間で広がる格差。福祉国家論の第一人者による、二極化の転換に向けた提言。

2023.1

岩波現代文庫[学術]

G452
草の根のファシズム
―日本民衆の戦争体験―
吉見義明

戦争を引き起こしたファシズムは民衆が支えていた――従来の戦争観を大きく転換させた名著、待望の文庫化。〈解説〉加藤陽子

G453
日本仏教の社会倫理
―正法を生きる―
島薗進

日本仏教に本来豊かに備わっていた、サッダルマ(正法)を世に現す生き方の系譜を再発見し、新しい日本仏教史像を提示する。

G454
万民の法
ジョン・ロールズ
中山竜一訳

「公正としての正義」の構想を世界に広げ、平和と正義に満ちた国際社会はいかにして実現可能かを追究したロールズ最晩年の主著。

G455
原子・原子核・原子力
―わたしが講義で伝えたかったこと―
山本義隆

原子・原子核について基礎から学び、原子力への理解を深めるための物理入門。予備校での講演に基づきやさしく解説。

G456
ヴァイマル憲法とヒトラー
―戦後民主主義からファシズムへ―
池田浩士

史上最も「民主的」なヴァイマル憲法下で、ヒトラーが合法的に政権を獲得し得たのはなぜなのか。書き下ろしの「後章」を付す。

2023. 1

岩波現代文庫[学術]

G457

現代《いま》を生きる日本史

須田努
清水克行

縄文時代から現代までを、ユニークな題材と最新研究を踏まえた平明な叙述で鮮やかに描く。大学の教養科目の講義から生まれた斬新な日本通史。

G458

小国
―歴史にみる理念と現実―

百瀬宏

大国中心の権力政治を、小国はどのように生き抜いてきたのか。近代以降の小国の実態と変容を辿った出色の国際関係史。

G459

〈共生〉から考える
―倫理学集中講義―

川本隆史

「共生」という言葉に込められたモチーフを現代社会の様々な問題群から考える。やわらかな語り口の講義形式で、倫理学の教科書としても最適。「精選ブックガイド」を付す。

G460

〈個〉の誕生
―キリスト教教理をつくった人びと―

坂口ふみ

「かけがえのなさ」を指し示す新たな存在論が古代末から中世初期の東地中海世界の激動のうちで形成された次第を、哲学・宗教・歴史を横断して描き出す。〈解説＝山本芳久〉

2023.1